平凡社新書
825

日記で読む日本文化史

鈴木貞美
SUZUKI SADAMI

HEIBONSHA

日記で読む日本文化史●目次

［凡例］

一、古記録などの引用は各種校訂本を参照し、いずれも漢字平仮名（歴史的仮名遣い）交じり文で示す。ルビは適宜付した。漢字は特別な場合を除いて、今日通行のものを用いる。短歌は、上下句のあいだを一字開けにする方式で統一した。

二、引用する古文や漢文のあとには、適宜、語釈、現代語訳、読み下し、および大意などを現代仮名遣いで示す。それゆえ、漢文に訓点は付さない。また読み下し文に片仮名を用いない。

三、単行本名、雑誌名、新聞名は『　』を付す。引用文中の「　」内の「　」にも『　』を付す。

四、専門の議論にかかわるときなど、適宜、補注を付すが、必要最小限にとどめる。

五、参考文献は、巻末に目録を付すにとどめる。

序章　日記の文化史へ

日記の危険な魅力

有名、無名を問わず、他人の日記を読むのは面白い。知らない時代、知らない地域で起こったさまざまな出来事にふれ、風俗習慣にふれ、それらに立ち会った著者の感想を知ることができる。誰にも明かすことのできない秘密や隠しておくべき心の動きが手にとるようにわかることもある。その著者と見えない手を握り合ったような気になることもあるし、そこに記された時代や土地と親密な関係を結ぶことができる。

いわゆる民俗学とは別に、国際的に歴史学の関心が政治・経済から庶民の生活文化に向かう流れ（カルチュラル・スタディーズの本義）が日本に到来して三〇年以上経つ。実は日本でも、それ以前から、それに似た関心は、各地の寺に遺る「宗門改帖《あらためちょう》」から、一八世紀の人口動態を把握するという国際的に類例のない研究を速水融《あきら》（国際日本文化研究センター名誉教授）が拓いていた。

今日では、かつては苦労して、やっと覗くことができた前近代の日記類も続々と文庫化され、容易に読めるようになった。江戸後期の読本作者、曲亭馬琴の日記に、庭に紛れこんだ犬を一家総出で追い払う場面を認めて、微笑んだりする人が増えている。喜ばしいことだが、そのような現象が日本文化の認識の深まりに貢献しているか、というと、まだ、これからの感が強い。

むしろ、日記のもつ親密さを疑ってみる人が少なくなったのが、この間の傾向らしい。かつて半世紀ほど前には、日記の著者と親密な関係を結んでしまうことを警戒し、あるいは結びながらも、それを思想史や文化史のなかに突き放して読む読み方がなされ、また提唱されていた。

武田百合子『富士日記』（中央公論社、一九七七）という掛け値なしの傑作がある。富士山の北側、山梨県側の山麓で夫の作家・武田泰淳と暮らした日々をつづったもので、泰淳の歿後に刊行された。彼女自身の活動ぶりを伝える文章は、ときに抱腹絶倒の域に及ぶし、愛犬ポコが死にゆくときの描写は涙を誘う。活動も文章も、その魅力、まことに天衣無縫の一言に尽きる。

その『富士日記』について、作家の杉本苑子さんが『武田百合子全作品6　遊覧日記』（中央公論社、一九九五）にエッセイ「茜雲、富士をめぐる」を寄せている。百合子さんの文章にも人柄にも惹かれ、富士山麓に行ってみたくてたまらなくなったという。だが、彼女は、なんと、静岡県側から、標高の同じあたりの富士山麓の雰囲気を楽しんだと書いている。ニアミスを避けたのは、覗き見を厳禁する彼女のモットーだけでなく、自分が抱いたイメージが壊れるのを嫌ったためである。それほど、実際より、文章から立ち昇るものが大切にされていた。

『政治家の文章』

わたしが若いころ、いつか、あんな仕事がしてみたいと憧れ、だが、いまだにはたせずにいる著作のひとつに武田泰淳『政治家の文章』（岩波書店、一九六〇）がある。その一章、『政党政派を超越したる偉人』の文章」では、軍人政治家、宇垣一成《うがきかずしげ》の日記がとりあげられている。第一次世界大戦ののち、国際連盟の常任理事国になった日本が国際協調路線を鮮明にし、また関東大震災からの復興費に圧されたことも手伝い、軍縮要求が高まっていた大正一四年（一九二五）、加藤高明内閣の陸軍大臣となった宇垣一成は、二一師団のうち四師団の廃止など、憎まれ役を引き受け、断行した人である。武田泰淳は引いている。

「――師団減少などの仕事は、到底、地方に密接の利害を有する政党者流には出来難き仕事である。理論としては師団廃滅に加担して居る連中も実行問題としては悲鳴を挙げて居る。軍部に政党大臣を入るるなどとは一種の理想否空想で、今度の如き芸当は遠き将来は兎に角近き将来に於ては彼等に出来ぬ仕事である。大きな仕事、思ひ切りたる芸当は矢張り政党政派を超越したる偉人によりて始めて求め得べきである。」（大正十二年十月）

武田泰淳がタイトルにつけた「政党政派を超越したる偉人」は、この一節に由来する。宇垣は、その後も陸軍大臣、朝鮮総督（臨時代理）などを歴任し、何度も内閣総理大臣の最有力候補にあがりながら、その都度、不都合が起こり、とうとうなれなかった。

それはともかく、武田泰淳は、この自恃と自信、「誠意」と「努力」の宇垣の言表を「家族に対する冷たい批判が、いらだった神経のするどさをむき出しにして、痛ましいほど」のところが見える夏目漱石の日記と比較しつつ、宇垣の文章も「他人の眼を警戒して体裁をつくろう必要はない」もの、公表するつもりのなかったものと見ている。そして「文学者だけではとらえ得なかった『日本』をうつし出しているからこそ、私は、彼らの文章について研究せねばならぬと決心したのである」という。そのようにことわった上で、宇垣一成の日記の底に、彼の中国観、その蔑視の内実を突きとめてゆく。

『アンネの日記』をめぐって

日記をめぐる文化史的考察として、もうひとつ、わたしの記憶に鮮明に残っているものがある。一九六五年、小田実《まこと》らと「ベトナムに平和を！市民連合」、通称「ベ平連」を立ち上げたひとり、小中陽太郎氏による「アンネの日記」（『小さい巨像』河出書房新社、一九七四）である。次のようにはじまる。

「アンネ・フランクは、自閉症か、さもなくば躁鬱症だったにちがいない。『アンネの日記』を仔細に読めば、明るく楽しく健康な少女などどこにもいない」ことがわかる。

これは、「希望の光に満たされていた少女」がナチスの圧迫によって、青春を奪われた式の流布しているアンネ像を覆す出だしである。まだ「自閉症」が器質性のものに限定されていなかった時代に記されたものであることをことわっておく。

小中陽太郎は「啓蒙的な初級フランス語のテキスト」で出会った三人の女性が一四歳の少女時代を回想した文章を比較する。その三人とは、両大戦間期に労働運動に加わり、独自の哲学を探ったシモーヌ・ヴェーユ、第二次世界大戦後のフランスで、ジャン＝ポール・サルトルの実存主義哲学に賛同しつつ、女性解放運動に邁進したシモーヌ・ド・ボーヴォワール、そしてアンネ・フランクである。自我の目覚め、女であることの目覚めを記すアンネの気質が「この二人（ヴェーユ、ボーヴォワール）の偉大な思想家に酷似していることに驚かざるを得な」いと述べる。ついでに、オランダ語で記された『アンネの日記』のフランス語訳にふれ、そこに「ユダヤ人独特の宗教的側面」が刻み出されていることに注意を向けている。

その上で、『アンネの日記』の翻訳書（文藝春秋）が刊行された一九五二年が「朝鮮戦争の真っ只中、血のメーデーの年だった」ことにふれ、そして「いま読んでも、エレノア・ルーズベルトが序文を寄せているのはこういうことかと思うが、この本の中で、一家が待ち望んでいるのは、西側連合軍、ことにイギリスの来援である」ことを確認し、「きびしい冷戦時代に、これが自由諸国側のマスコットとなったからこそベストセラーズになったという事情があるかもしれない」と述べる。アナ・エレノア・ルーズヴェルトは、第二次世界大戦をアメリカ主導で連合軍を勝利に導いた合衆国第三二代大統領、フランクリン・ルーズヴェルトの妻である。

そして、小中は書いている。「しかし、アンネは米英ソの三大国のエゴイズムにも筆を進めてもいる。もっと驚くことには連合軍の来援のみ待ち受けるオランダなどヨーロッパ諸国の他力本願を批判してさえもいるのだ。その孤立感は、日本という島国の民衆に結びつくかもしれぬ」と。『アンネの日記』は、当時、「女子高校生たちにとっては反戦ものというより、青春ものとして読まれたことは想像にかたくない」と述べながら、だが、朝鮮戦争期の「厭戦感情に裏打ちされて」読まれたと念を押し、その演劇化が劇団民藝の大ヒット作となり、アンネを演じる女優のイメージの変遷やアンネ・ナプキンの発売にふれながら、アンネ像が大衆社会化状況に飲み込まれ、変質してゆくさまを追ってゆく。

最後に、オランダ、アムステルダムの「アンネの家」を訪れた折、ヴェトナム戦争からのアメリカ人脱走兵が日本の家屋にひたすら閉じこもって暮らしたさまを思い出し、『アンネの日記』を、戦争を忌避する意志の系譜に位置づけて読みたいと述べて、全体を閉じている。今、読み直してみても、ディテールまで配慮が行き届いた好エッセイだと思う。

戦後の日記ブーム

今にして思えば、武田泰淳『政治家の文章』刊行の数年後、一九六五年前後は、日記ブームがはじまった時期だった。もう、半世紀ほど前である。小中陽太郎「アンネの日記」も、そのブームのなかで記されたものだった。

戦前期の「プロレタリア文学」に独自の軌跡を描き、一九三七年末からの人民戦線事件で検挙された青野季吉の『青野季吉日記』(河出書房、一九六四)、作家として活躍後、陸軍報道班員としてビルマ、中国戦線に赴いた高見順の『高見順日記』第一巻(勁草書房、一九六五)、戦後詩人の代表格、鮎川信夫の『鮎川信夫戦中手記』(思想社、一九六五)、また総合雑誌『中央公論』の編集者、木佐木勝《まさる》が雑誌の内幕を記した『木佐木日記―滝田樗陰とその時代』(図書新聞社、一九六五)が、それぞれに感銘と驚きをもって迎えられた。また永井荷風の一九一七〜五八年と長きにわたる日記、『断腸亭日乗』が岩波書店『荷風全集』(第一九〜二四巻)に収められ、その全容を現したのも、その少し前のことだった。

一九六五年は、わたしが大学入試を受ける前年であり、むろん「日記ブーム」の到来など察知していたわけではない。それを教えてくれたのは、フランス文学者で文芸批評家、寺田透の「日記に関する文学的考察」(『寺田透評論集』第二期一、思潮社、一九七九)の冒頭の一文である。そのように考えれば、第二次世界大戦後、一九四六年に鶴見俊輔が呼びかけ、創刊した雑誌『思想の科学』が一九六六年二月号で「日記」について特集を組んだことにも、その気運が手伝っていたとわかる。この特集については、のちにふれるが、『思想の科学』は普通の人びとが普通のことばで考えること、いわゆる市民派の形成をリードし、一九九六年に終刊した雑誌である。

その日記ブームに先鞭をつけたのは、永井荷風の戦中記録『荷風日歴』上下、『罹災日録』（扶桑書房、一九四七）が関心を集め、『断腸亭日乗』が中央公論社版『荷風全集』第一九～二二巻（一九五一～五二）に収録されたことにある。「大東亜戦争」の開戦にもまったく賛同しない確固たる精神の在りかを示すその筆致は、戦後の世相のなかで感銘を呼び、波紋がひろがっていった。

先鞭をつけたものには、もうひとつ、清沢洌《きよし》『暗黒日記』がある。清沢洌は、欧米事情に通じ、日中戦争期には独自の人民戦線論を唱えるなどした自由主義の批評家で、昭和一七年（一九四二）から、新聞記事の切り抜きなどを含む詳細な日記をつけ、官僚主義の弊害、ジャーナリズムの国策迎合、国民の国際情勢に対する無知への批判などを記していた。そこには、のちに現代史を書くための備忘録という心づもりが記されている。清沢は一九四五年五月に肺炎で亡くなったが、その日記は一九五四年、東洋経済新報社から刊行され、注目を浴び、その後、何度もエディションを変えて刊行されていた。

だが、わたしもそうだが、そののち、より詳しいエディションが出ると、最初のインパクトは忘れられがちになる。勁草書房版『高見順日記』は、初期の日記、断章など含めて続巻が刊行され（一九七五～七七年）、全体は全一七巻にも及ぶものになった。のちに、それにとりつく者には、高見順の逝去と前後して出された第一巻のインパクトは伝わらない。書物の享受史を考える際のむつかしさのひとつがここにある。

日記の場合には、別の問題がある。とくに、やがて公表されることを予定して記された日記には、自分自身がどれほど公明正大にふるまったかを露骨なほどに訴えるものが多い。政党政治の実現に邁進し、生涯爵位などを辞退しつづけ、「平民宰相」と謳われ、一九二〇年にテロに斃れた原敬の『日記』にも、その点が目立つといわれる。大正天皇の病状などの記述があり、歿後、三〇年近く、秘されていたが。

先にあげた寺田透のエッセイは、日記に関心が向けられる気運の到来については、枕に軽くふっているだけで、狙いは別にある。まずは、彼がそのころ取り組んでいたフランス一九世紀の画家、ウジェーヌ・ドラクロアの日記中の画論を紹介するが、その先は「ジュルナール・アンチーム」(日記の親密さ)にまつわる「いやらしさ」に向かう。森鷗外が一八九九年六月から一九〇二年三月にかけて小倉に滞在していた際の『小倉日記』に「婢奴」(女中)として雇われる女どもの性の乱脈さが人から聞いた話を含めて、「事実」として重ねられていることをとりあげる。当時の地方都市の下層の女たちの風俗への関心といえばそれまでのことだが、寺田は、それらの記述が逆に、鷗外自身の潔癖さを感じさせるように仕組まれていること、その戦略的虚構性を抉《えぐ》り出してゆく。

原敬のような政治家でなくても、鷗外ほど巧みでなくても、そもそも打ち明け話には、語り手の自己保身がつきまとう。逆に、自分を断罪する場合でも、その断罪をなしうる自分の誠実さを訴えることになる。誰のものであれ、日記は、惑わしに満ちている。

文化史への回路

　寺田透「日記に関する文学的考察」は、そのあとに短篇「檸檬」で知られる梶井基次郎の伊豆湯ヶ島滞在中の日記を引き合いに出す。訪れた知人のひとりが、淫売屋への出入りや、混浴の温泉の湯のなかで村の女たちに卑猥なふるまいに及んだことまで、アケスケに語ったことに、基次郎が「刺戟された」と書いている部分である。三〇歳前の基次郎に、そういうことがあって当然だし、ドラクロアも若いころの日記に性愛にまつわることを隠さずに記している。寺田透は、その手の打ち明け話につきあわされることに辟易し、そして書いている。

> よしんばよそゆきの顔をしているにもせよ、作品としか、文学的思惟の場ではつきあう気になれず、従って文学者や文学作品の実証的研究とかいうこととは遠い、近いけれども無限に遠いところで、即ち、作者との親密性《アンチミテ》の否定において、自分のしごとをするようになったのである。

　この文芸批評における悪しき実証主義に唾棄する文章をはじめて目にしたとき、それがいつのことにせよ、わたしは寺田透より三二歳若かった。いま、これをつづっているわたしは、この文章を書いたころの寺田透より二〇歳ほど年をくっている。だが、年齢とは無関係に、いまから五〇年ほど前に、かなり微妙な言いまわしで、伝えるべきことを伝えようとしたひとりの文学者の態度に、いまさらながら感じ入る。日記に、その執筆者の「人間らしさ」を感じて親近感を抱いたりすることも、その記事をもって作品が書かれた秘密を嗅ぎ当てたかのように思うことも禁じているのである。

それでは、おまえは、なぜ、作家の日記を丹念にまさぐるのかと問う向きもあろう。それには、たとえば、日記のなかの梶井基次郎の打ち明け話と作品の背後の作家とを、むしろ切断するために、と答えておこう。

梶井基次郎は湯ヶ島に逗留中に「冬の蠅」「交尾」と、昆虫やカジカ蛙の交尾を題材にした短篇を書いた。それを知人の言動に刺激されたゆえ、あるいは、しばしばいわれる結核による性欲の亢進など、生身の作家に起こったことをもって作品の動機や理由の解明にあてることに、どれほどの意味もないからである。それらはきっかけにすぎない。そのきっかけがあったからといって、誰もが「冬の蠅」や「交尾」を書けるわけではない。

「冬の蠅」には、すぐにも死を迎えようとする蠅どもが陽だまりで交尾する姿に「何といふ『生きんとする意志』であらう！」と驚くところがある。それをわたしは、彼の若いときの日記に登場する「性欲は宇宙の意志」という語と結びつける方向をとる。

恥ずかしい話だが、わたしは若いころ、「性欲は宇宙の意志」という語を何と馬鹿げたことをいうのだろうと呆れて、顧みることもなかった。それがアルトゥール・ショーペンハウアーのいう「生の盲目的意志」の変奏だと気づくのに十数年を費やした。世に厭世哲学として知られるそのキイ・ワードを、梶井基次郎は生物の本能への感動を示すことばに転換していたのである。

とすれば、カジカ蛙の交尾をリアルに描写して、なお清澄極まりないと評される短篇「交尾」を、梶井と同年配の作家、井伏鱒二が「これこそ真に神わざの小説」と讃嘆した理由も了解されよう。このような抽象的な意味をリアルな描写に託す象徴表現を梶井基次郎は、年上の友人宛ての手紙のなかで、「リヤリスチック・シンボリズム」と呼んでいるが、その方法は文芸の理想として、彼と同世代の人びとのあいだに、いや、それ以降も長く共有されていた。日本近現代の名作とされる短篇の多くが、この方法によっていることに気づくだろう。それに気づくまでにわたしには四半世紀を必要とした。

これは、先にあげた杉本苑子の場合とは、いささかちがう研究の話である。しかも、作家の日記や書簡中の片言を作品中心の文芸史に、また思想文化史に開くための回路のほんの一端にすぎない。日記を読むことにつきまとう危険な魅力に魅せられ、惑わしに惑わされながら、つまりは日記を存分に楽しみながら、それでも、そのような回路を拓くことができるだろうか。

できる。

第二次世界大戦後、探偵小説作家としてデビューし、荒唐無稽な忍法帖で人気を博した山田風太郎に「戦中の断腸亭日乗」（『早稲田文学』一九七三年九月号）というエッセイがある。永井荷風『断腸亭日乗』について、「興味津々として読んだ」ことからはじめて、だが、風評の類で人のプライヴェートにふれているところは感心しないと述べたりしながら、とくに戦中の荷風が「別世界にいる」と書いている。

> どんな人の日記でも、あの大戦争で、特に初期の戦勝期にはそれに対するよろこびの念をもらした文章がある。武者小路実篤や高村光太郎はむろんのこと、谷崎潤一郎や志賀直哉だってそんな文章がある。戦時中活躍した作家に至ってはなおさらのことであり、それも当然である。敵側の作家だって同じことだ。ところが、荷風に限って一切ない。爪の垢ほどもない。

少し飛んで、こうある。

> 私は、戦争中のあの日、この日、あの人、この人が何をしていたか、ということにいささか興味を持っている。現代のように百花百醜斉放の時代には、その生活も意見も万人万様、億人億様で手もつけられないが、戦争中はすべての人間が何らかのかたちで、すべてをあげて戦争に動員され、何らかのかたちで規制されていたから、それをものさしにして

各人がどんな生活をしどんな意見を抱いていたか、ということに甚だ興味があるのである。試薬が同じだから、それぞれの反応のちがいがよく検別される。

そのものさしで荷風を見る。

そう書いて、山田風太郎は『断腸亭日乗』の戦中期のあれこれの日の記述とその日の出来事にあたってゆく。ここからは、山田風太郎が開戦のころのあれこれの作家の日記なり、文章を読み比べたことがあることがわかる。また同じ「試薬」を用いて、それぞれの反応のちがいを「検別」するという方法を語っている。これはいろいろと応用が利く。なにより、ひとりの日記とだけ親密になることなく、比較し、相対化する態度を養う。いわゆる研究に限らず、日記の読み方、楽しみ方のはなしである。

荷風も生前、日記を刊行するにあたり、いろいろ配慮をはたらかせたことはたしかなことだ。だが、高名な文芸批評家が日本人の日記をめぐる高名な本のなかで、荷風が戦争への嫌悪の部分を書き足したのではないかと勘繰っているのに出会い、びっくりした憶えがある。

東都書房版と中央公論社版を挟み、岩波版『荷風全集』収録の『断腸亭日乗』とでは、ニュアンスのちがう表現が随所に見受けられる。岩波版では取り澄ました表現に抑えてあるように感じられるが、それは、あくまで改稿の調子である。戦争への嫌悪の情を敗戦後に書き加えたかのような勘繰りは、まったく無責任な憶測の部類である。たとえば『日和下駄』（一九一五）

のあたりから一貫して流れる彼の思想も、『濹東綺譚』（一九三七）近辺の一連の芸術家小説が、その周りに防御壁を立てめぐらせて彼らを守るようなしくみにしつらえられていることも読みとれないこととの表明でしかない。同時期の言論や小説を同じ「試薬」で読み比べたことがないからである。

山田風太郎は、といえば、この方法を明治維新期に応用し、『警視庁草紙』（一九七五）など、いくつも傑作を重ねた。何月何日に樋口一葉がどこで何をしていて、そこを夏目漱石が通りかかるというような場面が連続する。みな実際にありえたことを重ねていき、そして荒唐無稽な一種の可能世界が展開する。それには、もうひとつ、当時の細密な地図が必要だが。

日本人は日記好き?

とりわけ戦時下をどのように生きたか、その具体的な姿を克明に記した日記類の刊行がブームになったころ、「日本人は日記好き」といわれはじめたらしい。先にふれた『思想の科学』の日記特集で、「日記の思想・序説」と題して多田道太郎・加藤秀俊の両氏の対談にも出てくる。この対談は、とくに自我意識の発現の問題、幼少期からの自我の目覚めやヨーロッパ一九世紀のロマンティシズムと日記を書くことや作家の日記が刊行されて読まれてきたこととの関連、ヨーロッパの芸術家サークルと日本の文壇と「私小説」などとの関連をとりあげ、ヨーロッパ現代の「日記文学」にも話が及ぶ。プラハの作家、フランツ・カフカの日記、神から見放された人間の実存について思索したセーレン・キルケゴールの日記、そして、シモーヌ・ヴェーユの遺稿集にふれている。日付をもつ日記の形式をとらなくとも、断片的ノートなど手記の類をかなりゆるやかに「日記文学」と呼んでいる。読むべき価値のある人文学系の著作というくらいの意味らしい。

この対談には「平安時代からはものすごい日記時代」ということばも見えるが、それについては、同じ特集に歴史家、林屋辰三郎の執筆が予定されており、そちらにまかせている。それゆえ、ここに日本の「伝統」は出てこない。近代の社会と自我、また市民意識との関連を考える視点から、外部の観察記録と「自分の内側」の記録の二系列を想定し、後者が「日記文学が成立する」条件と述べている。

そして、スタイルが決まった日記帖がたくさんの種類、売り出され、数もたくさん出ていること、日記帖専門の出版社があることなど、世界に類例がないといわれ、日本人はなぜ、多くの人が日記をつけるのかを考えてゆく。キリスト教社会では、就寝前に神に祈りを捧げ、その日の反省を懺悔するが、日本には、その習慣がないこと、また狭いつきあいかマス・コミュニケーションかのどちらかしかなく、その中間の社交的なコミュニケーションがあまりなされないことをあげ、それらの代わりに日記に向かうという説が示される。いま読むと、身近な話題を、かなり観念的に考えているように感じる。

「日記専門の出版社」とは、「博文館　当用日記」を出していた博文館新社が念頭におかれているだろう。明治後期に出版、印刷、通信の一大巨大企業にのしあがった博文館は、大正・昭和戦前・戦中期には、教科書の元締めとして確固たる位置を占めつづけ、第二次世界大戦後、出版社では唯一、財閥解体を命じられ、三社に分かれた。そのうちの一社が博文館新社で、博文館のドル箱のひとつだった「当用日記」を引き継いだため、専門のように見られたらしい。

明治後期の定型日記帖の発売については、本書第五章でふれるが、「当用日記」はその名の通り、予定を含めて当座のメモを書きこむのに便利につくられたもの。メモと、その日の出来事の記述を一冊の日記帳で兼用することも大いにありうるが、持ち歩くものと、自分の心の秘密を書くためのノートとを使い分ける人もいるだろう。そのあたり、同じ「日記」の語によって、中身のちがうことが語られているような気もする。

キリスト教の根づいていない日本の社会に、その日の反省を書くことがひろがったのは、二〇世紀への転換期に、人生いかに生きるべきか、という青年の煩悶が「人生問題」と呼ばれて取り沙汰され、個々人の心身の「修養」がさまざまに唱えられたのがきっかけだった。それゆえ、しばしば「修養日記」と呼ばれた。これが近現代における「内面の記録」として日記をつける習慣のはじまりである。

社会の記録と内面の反省

この対談だけでなく、実際のところ、「日記文学」という語は、かなり曖昧に用いられている。たとえばフランス文学者で評論家の河盛好蔵がラジオ講座を編んだ日本放送協会編『文章とは何か』（宝文館、一九五八）に寄せた「日記について」は、自分個人のための心覚えのためのものではなく、『断腸亭日乗』のように読者に読まれることを意識し、風俗などを記したものを「日記文学」と呼んでいる。

荷風が江戸の町人文化が急速に失われてゆく世相を相手どり、風俗の観察記録を仕事のひとつのように考えたのは、海外の日記から示唆を受けてのことだろう。とりわけ葛飾北斎の浮世絵版画を「ファンタスティックでリアリスティックな」理想の絵画のように称賛したことで知られるフランス一九世紀の美術評論家、ゴンクール兄弟が風俗や嗜好の随意の観察記録を記した『日記』(*Journal*)もそのひとつだろう。弟、ジュール・ド・ゴンクールの歿後、兄、エドムント・ド・ゴンクールがその死の直前まで記していたものである。

『思想の科学』の対談の論者たちがシモーヌ・ヴェーユの遺稿を「日記文学」のひとつに数えていたように、折にふれて記したものすべてを「日記文学」と呼んで、エッセイなどとの区別を取り払ってしまう人たちもいる。それにはヨーロッパ語の著作一般を意味する広義の

“literature”、ないしは、そのうちの人文学的な立派な著作を意味する中義の“polite literature”がはたらいていよう。最狭義が詩、小説、戯曲を指していう文字で記された言語芸術としての“literature”である。

たとえば、サン＝テグジュペリ『星の王子さま』(*Le Petit Prince*, 1943) の翻訳で知られるフランス文学者、内藤濯が簡潔にまとめた「フランスの日記文学」(『思索の日曜日』木耳社、一九七三) は、日本のものでは兼好法師『徒然草』も「まったくの日記文学」といい、フランス一六世紀のミシェル・ド・モンテーニュ『エセー』(*Essais*, 1580, 1595 歿後の刊行) を筆頭に、「自分自身の心の中を手落ちなく掘り下げ」、人間とは何かについて考察するフランス・ユマニスムのエッセイの歴史を追ってゆく。一七世紀のブレーズ・パスカル『パンセ』(*Pensées*, 1669 歿後の刊行) が「自分がみじめな存在であることを知るのは情けないが、しかし、その情けなさを知っているところに、かえって人間のえらさがある」といい、人間を「考える葦」にたとえたのは、よく知られる。「ほんとうの優しさを持つことのできる人は、しっかりした心構えの持主きりだ。優しそうに見える人は、通常、弱さだけしか持っていない人だ。そしてその弱さは、わけなく気むずかしさになり変るのだ」と述べたのは、一七世紀のフランソワ・ド・ラ・ロシュフコー。一八世紀のセバスチャン・シャンフォールは「笑わない一日ほど、むだに過ごした日はない」といい、ブライアン・ジュベールは「空を見あげた眼は、いつもきまって美しい」と、あまり気づかれにくい一面を指摘した。

このような人間についての省察や洞察に満ちた名言、警句でよく知られる知識人の著作を辿り、さらにはロマン主義を開拓したジャン＝ジャック・ルソー『告白』（*Les Confessions*, 1781,1789 歿後の刊行）、フランソワ＝ルネ・ド・シャトーブリアンの最晩年の回想録『墓の彼方からの回想』（*Mémoires d'outre-tombe*, 1848-50 歿後の刊行）をあげ、「日記」と同列においている。

そして、エティエンヌ・ピヴェール・ド・セナンクールが青年の苦悩と彷徨を書簡体でつづった長篇小説『オーベルマン』（*Obermann*, 1804）にふれたのち、しばしば、彼こそ「日記に憑かれた人」、「これこそ日記文学」のようにもいわれる一九世紀ジュネーヴの思索家、アンリ・フレデリック・アミエルが遺した『内面の日記』（*Journal intime*〔1976-94〕）について「病的なほど徹しぬいた自己反省、みずからの運命への痛切な呼びかけ」と述べ、最後に、中篇小説『にんじん』（*Poil de carotte*, 1894）で知られるジュール・ルナールの機知に富んだ『日記』をあげ、「日記らしい日記」とは〝暮らしの中の文学〟だと述べて結んでいる。なるほど「日記」を「生活の記録」と定義し、ジャンルを超えて広く辿れば、風俗モラルの観察から内面の苦悩の告白へと傾向が移ってきたことを辿るのは容易である。

アミエル『内面の日記』

ここで、アミエルの『日記』中、一八七二年一月二八日の記述を引いておこう。よく知られた一節である。

生きるということは、日ごとに快癒し、新しくなること、また自分を再び見出し、回復することである。日記は孤独なものの心の友であり、慰め手であり、医者である。毎日のこの独白は祈りの一つの形式であり、魂とその本体との会話であり、神との対話である。私たちの全体を取り戻すもの、私たちを混乱から明るさへ、懊悩から静けさへ、離散から自己把握へ、偶然なものから永遠なものへ、特殊化から調和へと導くもの、これが日ごとの独白である。それは磁力のように、私たちを平衡状態に引きもどす。それは一種の意識的な眠りなのであるが、そこでは行動したり、欲したり、緊張したりすることをやめて、私たちは宇宙の秩序の中に戻り、平和を求めるのである。こういう風にして私たちは有限なものからのがれる。冥想は、静観の中の魂の沐浴のようなものであって、日記とはペンを手にした冥想である。（串田孫一訳）

これを読むと、先の『思想の科学』の対談で、キリスト教世界の就寝前の祈りと日記を書くこととが比肩されていた理由も合点がゆく。また、これを裏返すと、次のようなことばにもなろう。戦後日本にいわゆる不条理演劇を確立した劇作家、別役実《べつやくみのる》の「正しい日記の書き方」（『日々の暮し方』白水社、一九九〇）の一節を引く。

日記を書いていない人間だけが、生きることに専念することが出来る。生きることを、ひたすら生きるためにのみ、推進することが出来る。従って原則的なことを言えば、「正しい日記の書き方」などというものはない。日記は、あくまでも書かないことが正しい、のである。

わたしは、このことばに出会って、日記を書かないぞ、と心に決め、日記は他人の遺したものだけを読むことにした。というのは、まったくの冗談だが、他人の日記に夢中になるのも、「生きることに専念すること」になりそうにない。

それはともかく、アミエルによれば、日記を書いているとき、人は内部に沈潜していることになるが、内藤濯はアミエルの自然描写の魅力にもふれ、アミエルが「景色は気分」だと述べていることを引いて、象徴主義に接近していると述べている。大きな方向としてはうなずけるが、むしろ「情」と「景」が入り混じった「情景」のことだと考えた方がよい。ゴンクール兄弟は、しばしば「自然主義」と呼ばれるが、走る馬車のなかから見える景色をどのように描くか、という問いを提出するなど、印象の表現への回路を拓いていた。経験の記録を書くとなると、外面と内面の双方に跨ることになる。いわば外面と内面が交錯するシーンがそここに登場して当然である。その点は小説でも同じで、ヨハン・ヴォルフガング・フォン・ゲーテの『若きウェルテルの悩み』(*Die Leiden des jungen Werthers*, 1774)も、ウェルテルが恋人の家に向かい、気分が高揚しているときには風景は明るく輝き、恋人の婚約者の存在を知っての帰り道、失意に沈んでいるときには、風景も暗鬱なものに変じる。

内藤濯「フランスの日記文学」は、人文学にいう「日記」、すなわち「日記文学」をジャンルや形式にこだわらず、広く見渡して総称していたが、戦後作家の大岡昇平も「日記文学の魅力」(『荷風全集』第七巻月報五、岩波書店、一九六三年五月)で『断腸亭日乗』をためらうことなく、「日記文学」と呼んでいる。生前発表の中央公論社版全集に収録の際、荷風自身による取捨選択が行われていることを指摘し、それを「平安朝以来の日本の日記文学にある伝統であり、多くのフィクションが行われたらしい形跡がある」と述べている。いわば社会に向けて発表する構えには選択や仮託などが生じること、それを指して「文学」性と呼んでいる。「公表を予定して書いた日記はフィクション」といわれる所以《ゆえん》である。

「平安朝以来の日記文学」のほとんどが、自身の経験した事実や回想を記すもので、架空のつくり物語とは区別される。その意味ではノン・フィクションだが、手控えがあったにせよ、それを編集したものである。そして、人に読ませることを意識して書かれているために、さまざまな水準の虚構を孕む。たとえば紀貫之『土佐日記』では、女手で書くために語り手が女に仮託され、また紀貫之のうたが、他の登場人物に仮託されてちりばめられている。漢文の日記を歌日記のかたちにまとめ直したのではないか、ともいわれている。

だが、公表するかどうかにかかわらず、事件や見聞を記すこと自体に対象の選択、焦点化が起こる。文章に整えるには材料を並べる手順と構成が必要になる。そのように整えられていない断片やメモ書きなど、あとで自分が読んでも何が書かれているかわからなくなってしまった経験は誰でもあろう。ワード・プロセッサーが便利になっても、その点は変わらない。また、記憶が鮮明なその日のうちに書かれた記事でも、回想である限り、いわゆる無意識の誘導がつきまとう。虚構性には、さまざまな水準がある。

ドナルド・キーン『百代の過客』

その後、日本文学とその研究、そして英語圏への紹介に生涯の努力を捧げてきたドナルド・キーン氏が『百代の過客―日記にみる日本人』上下巻（金関寿夫訳、朝日選書、一九八四）を新聞連載ののち刊行した。近現代の日記については『続百代の過客』上下巻（同前、一九八八）にまとめられた。名著といわれ、かなり広く読まれた。

『百代の過客』の序で、キーン氏は「日記への日本人の強い執着」を指摘している。第二次世界大戦期に、日本の兵士が戦場に遺したおびただしい数の日記の翻訳の任にあたりながら、そう感じたという。

アメリカ軍兵士には戦場に赴く際、日記をつけることは機密事項が漏れることを防ぐために禁じられていたが、そうでなくとも日記を記すことが習慣になっていなかった。それに対して日本軍では「新年になるとわざわざ日記帳が支給されて」おり、士官たちは、定期的に兵隊の日記を点検しただろうとも、「日記を付けるという行為が、日本の伝統の中にあまりにも確固たる地位をしめているので、それを禁じるのは、むしろ逆効果となるおそれがあることを、知っていたのかもしれない」とも記している。

キーン氏は、アメリカ軍のアッツ島攻撃がはじまる直前、すでに紫式部、和泉式部、菅原孝標女の「日記」の英訳を読んでいた。そして「まことに日記とは、あの最も典型的な日本の近代文学――『私小説』の始祖だったのである」と述べ、その内省的なところに中国の伝奇的小説などとの著しいちがいを見ている。「中国と日本とでは、もともと文学の目的が、それぞれ異なっていたからである」ともいう。

『百代の過客』には、『かげろふ日記』など「平安女流日記文学」や、そのタイトルから明らかなように、芭蕉の『おくのほそ道』など紀行文がかなりの比重を占めている。『おくのほそ道』は、随行した曽良の手になるものだが、序文に芭蕉が「月日は百代の過客にして、行きかふ年も又旅人也」と記していることはよく知られる。キーン氏は『おくのほそ道』に芭蕉の

「私的なこと」は書かれていないという。藤原道長『御堂関白記』についても同じで、道長の日常の挙動は、かえって『大鏡』に知れるという。そして、その点を個人の心情の告白とともに、男性の「日記」と「平安女流日記」との著しいちがいと論じている。日本人の心、主として情を探ることを目的に、「文学」としての日記に価値をおいているので、事実の記録の日記は味気ないという。

感情の表出に価値をおくのは、イマヌエル・カントが『判断力批判』（*Kritik der Urteilskraft*, 1790）で、神が万人に授けたもうた理性にかかわる「真」「善」と、感情にかかわる「美」とを切り分けたことに発する「芸術」の見方である。その意味の言語芸術の概念が、教育を通じて一般化するのは二〇世紀に入ってからである。これは日本でも同じだった。ところが、日本には、それよりはるかに早くから自国語の散文で書かれた、感情の表出に満ちた「平安女流日記文学」などがある。キーン氏にとって、日本人の心を、それら「日記」に類する著作に探るのは興味尽きない仕事だった。だが、無味乾燥な「日記」も多い。キーン氏は、それらにも丁寧につきあわなくてはならないことにうんざりさせられ、ときおり欲求不満を爆発させている。

「日記」の歴史地図

見てきたように、「日記文学」なるものは、論者それぞれにまちまちな含意で用いられていた。「日記」は、最も広くとれば、「生活の記録」といえるにしても、それぞれに記録性と思想、感情の表現の配分が異なる。そこに政治や風俗の記録も内面の反省も現れる。個々人の感情に関心を向ける人には無味乾燥でも、摂関政治の実態を知りたいと藤原道長の日記に関心を注ぐひともいる。『御堂関白記』と呼ばれ、二〇一三年、ユネスコ記憶遺産〔世界の記憶〕に登録された。そうかと思えば、わが郷土の昔の風俗習慣を知るために、訪れた僧侶の旅日記を探るひともいる。日中戦争から第二次世界大戦にかけて、「歴史認識」を深めようと、戦時下の日記への関心も続いている。

最近のことだが、戦時下に関心をもつ若い人と話をしていて、荷風の『断腸亭日乗』をまるでフィクション、物語のように思いこんでいることを知り、愕然とさせられた。その虚構性をめぐる論議に短絡が重なり、度しがたいところにまで行きついているらしい。惑わしに満ちた「日記」をめぐる言説（ディスクール）も、惑わしに満ちている。そろそろ、さまざまな目的で、日本の「日記」に接する人びとのために、その歴史地図、その概念図のような案内板が必要なのではないか。そのように考えて、本書を用意した。これを眺めて、どこへ赴こうと、それは読者の自由である。

次に、軍隊での「反省日記」について、考えるための手がかりをあげておく。そののち、「日記文学」という語が、いつ、つくられたのかについて述べる。

日本の軍隊では入隊すると、毎日「反省日記」をつけることが日課として課せられたことが、回想記の類にしばしば出てくる。むろん、帝国軍人にふさわしい行いや態度がとれていたかどうか、を反省することが義務とされていた。だが、一律ではなく、時期や戦線、部隊により、まちまちだったと想われる。

明治期から帝国陸軍は胸ポケットに入れる携帯用の軍隊手帖を配布していた。たとえば明治三四年（一九〇一）および三五年、有島武郎は兵役中の行軍記録のメモやスケッチを残している程度。それが一般的だっただろう。

大正四年（一九一五）六月八日発行の『陣中要務令』（軍令陸第六号、出版者：兵林館）以降は、『戦闘綱要』（昭和四年二月）、また『作戦要務令』（昭和一三年、数次改編）と名前と内容にいささかの改編はあるが、みな、「陣中日誌」及び「留守日誌」の作成を全軍に命じていた。これは部隊単位で提出を義務づけたもので、各人に義務づけられたものではない。戦死した小隊長クラスの人の陣中日記も、敗戦後、遺族の手で刊行されてきた。

部隊単位の提出を義務づけた前のところには、部隊内からの通信の出し方なども載っている。部隊長に命じられなくとも、帰還後に戦地の様子を家族に話す手がかりにするためにも、軍規の範囲内で、手帳にメモを残す兵士が多かったことは想像に難くない。

それが「反省日記」と呼ばれるようになったのは、日中戦争期からではないだろうか。「修養日記」（後述）が転用されたものと考えてよい。敗戦後に作家としてデビューした安岡章太郎は、学徒動員で「満洲国」に渡り、肺結核で入院した際に「『反省日誌』なるものをつけさせられたが、これは週番士官の検閲を受けるための日記だから、自発的なものではまったくない」と書いている（「日記―ある執着」『太陽』一九七九年一月号）。この文面から推測すると、入院するまで、「反省日記」は義務づけられていなかったと考えてよいだろう。

次に「日記文学」だが、今日の吉川弘文館の『国史大辞典』第二巻（一九九〇）の「日記文学」の項は、その語が大正末から昭和初頭にかけて用いられはじめたとしている。実際のところ、英文学者の土居光知が『文学序説』（岩波書店、一九二二）の「日本文学の展開」の章で、『かげろふ日記』『更級日記』『和泉式部日記』をあげて、その名を用いたのが最初と見てよい。その後、池田亀鑑《きかん》『平安女流日記文学』（昭和八年、一九三三）などによって「自照文学」のように定式化された。平安時代はもちろん、それまで誰も思いつかなかった括り方が、このとき発明されたのである。そして、やがて、中世紀行文とも結びつけられてゆく。

その「日記文学」という括り方の発明は、明治後期に西欧のイッヒ・ロマンの受容によってはじまった「私小説」「心境小説」の隆盛を背景にしてなされたものだった。が、一九三五年には、逆に「私小説」の淵源が『かげろふ日記』などにあるかのように、すなわち「私小説伝統」なるものが語られはじめた。それが第二次世界大戦後に、国語教育により、各自の頭に刷り込まれ、外国文学でいう広い意味での「日記文学」とない交ぜになり、茫洋とした伝統観がつくられていたのだった。

大雑把な見渡し

本書では、それぞれに性格の異なる「日記」が、どのように展開してきたのか、日記の文化史について、「日記」という語の意味、用法、そのスタイルの変遷を整理しながら、「日記」を扱う価値観の変遷とともに考えてゆきたい。ごく大雑把にいうと、古代から明治中期、二〇世紀に入るあたりまで、日本人がつけていた日記は、日々の職務や業務の記録を残すことを目的にしたものだった。むろん、その日起こった、珍しい出来事やその短い感想が挟まれることはあるが、せいぜい、その程度にとどまり、感想や思いのたけを長々と書いたりしない。そして、そのような業務記録は、さまざまな職場で、また個人でも、その媒体はコンピュータ技術の発達によって変わりはしても、今日までつづいている。この業務日記にも変容が見られるので、本書では時代時代の変化を紹介してゆく。

第一章では、その淵源を古代の宮廷文化に探り、なぜ、公権力の日記が大切にされてきたのか、を明らかにし、その変遷を今日まで追う。いわば歴史好きの人のための章で、そうでない人には、なじみのない固有名詞も多く、退屈かもしれない。

そして、そもそものところ、文字が書けなくては日記も手紙も記せないわけだから、どちらも識字層のひろがりとともに盛んになってゆく。古代には、宮廷に仕える人びとや僧侶や神職、中世からは幕府や大名などに仕える人びとが加わるが、庄屋層や職人の親方、また商人などに及ぶのは、江戸時代のことである。それに応じて、漢文、その書き下し体、こと止めや候止め、「〜する、〜した」止めと文体も変化する。女性の日記には、和文体が続いた。

では、「平安女流日記」の類は、なんだったのか。それが問われる。古代の仮名日記とともに、それを第二章で論じる。これは古典の「日記文学」ファンへの贈り物のつもり。

それとは別に、旅に出れば、見知らぬ土地の景色や人びとの暮らしぶりなど見聞をメモし、帰ってから家族や知人に語って聞かせたりすることも行われた。旅でなくとも、戦乱など、なんらかの非日常に見舞われたときも、のちの自分のために、また家族にも記録や証言を遺しておこうという気持になろう。第三章では、中世の旅日記、それを受け継いだ芭蕉の精神について述べる。いわば、紀行文好きの人のための章だが、第四章の前半では、江戸時代に紀行文がまったく様変わりしたことを述べる。そして第四章の後半では、主に町人文化の暮らしの日記、そこに遊びの日記などが加わる様子を紹介する。その内容の変化にも着目したい。

さらに、第五章では近代の日記を扱う。明治維新期、最大の国家行事だった米欧回覧の旅の記録、また、幕末維新の動きから取り残されたような紀州藩士の妻の日記、そして自由民権運動に活躍した植木枝盛の日記を読み直してみたい。そしてとくに、二〇世紀への転換期の各層の日記に注目する。幸いにも正岡子規が率いた俳句雑誌『ホトトギス』が明治三三年（一九〇〇）から数年間、「募集日記」を掲載し、庶民の日記も掲載されている。応募用に整えられたものだが、個人の秘密を盗み読みする誘惑とは無縁なところで、文化史上の目安となる。

第六章では「日記」の二〇世紀への様変わりを見渡すことにしたい。その日の出来事や自分の活動の記録以外に、自分が考えたことなど、内面の記録を日記に残すことは、二〇世紀への転換期に若い知識層にはじまり、それが「修養日記」と呼ばれた。これが生活芸術という考えのひろがりや、阿部次郎が新しい芸術としての日記を提唱し、そして実践した『三太郎の日記』と交錯しながら展開した。

ただ、それ以前にも、国木田独歩『欺かざるの記』、石川啄木『渋民日記』などに、西洋の「日記」や「日記文学」の受容による日記の書き方に変化がみえる。やがて、それが古典評価に跳ね返り、「日記文学」という新たなジャンル概念を生み出し、さらには「私小説伝統」が発明されるに至る。その経緯の概略を明らかにしたい。

戦争下、とりわけ「大東亜戦争」の開戦の詔勅が発せられたのちに、日記や手記の類がよく記されたのはたしかである。その中身は、案外、さまざまなのだが、これまでに、多くの書物が刊行されていることでもあり、本書で立ち入る余裕はない。敗戦後については、「記録文学」

の提唱とその考察に及ぶ。それが、先に述べた戦後の「日記」ブームと無縁とは思えないからである。また、自分史などの流行につながるからでもある。

なお、「未来の自分」が過去の自分を振り返るための「修養日記」の目的は、やがて同じ月日の日記を上下三段に分けて三年間記してゆく「三年連用日記」を生む。博文館新社が一九七〇年に売り出したのが最初らしい。一九八〇年ころ、「五年活用日記」が集文社より刊行され、そののち、「一〇年日記」も出され、今日に至っている。だが、敗戦後、アメリカ主導の国際連合軍の占領下におかれた日本では、「修養」なる語はカビの生えたもののように捨てられ、日記をつけることの意味も自分のための備忘録へと大きく傾いていったように思われる。それゆえ、何年にもわたる様式の日記帖のキャッチ・コピーは「〜年前の自分に出会う」となっている。同じく日々の記録でも、自分にとっての意味がすっかり変わってしまったのである。

戦後の日記ブームのもうひとつの著しい特徴として夭逝した者たちの日記に注目が集まる傾きがあった。その行きついた果てにもふれてみたいと思う。

第一章　公権力は、なぜ、日記を必要としたか

古代王権の日録

日本における「日記」の用法は、古代から「日の記」、言い換えれば、ある日の出来事を記したものを、日記の記録を連ねる日次《ひなみ》記を含めて広くいうものだった。その用法は、公権力の日記に淵源をもつ。中国の制度に倣い、宮中に関する一切を取り仕切る内務省《なかつかさ》で、天皇の詔勅や宣命及び位記を作成する内記が天皇の行動記録、中国の皇帝の起居注にあたる御所記録をも受け持ち、外記が宮廷儀式の記録を残した。それが天皇の秘書役をはたす蔵人所や都の治安維持にあたる検非違使所の日々の職務の記録にもひろがったと考えてよい。

東アジアの古代王権の「政」（祭りごと）の基本モデルは、その宗教的権威を「礼」（儀礼）によって維持し、詩歌や稗史（巷説類）によって民意を汲みあげ、「文」（詔や律令）によって治め、敵対する者には「武」で応じるものだった。「文」を発する権威は皇帝に属する。「文化」（文に化する）とは、縄目などに換えて、文による命令に従わせることを意味した。「礼」の儀式には「楽」（音楽）が必須だったが、とりわけ臨時の儀礼は、前例の記録がなくては運営できない。官吏任命も儀式の次第（プログラム）がなくては行えない。それゆえ、それらの控えが蓄積され、やがて典礼（有職故実）書にまとめられる習慣だった。

宮廷行事の全般を記した日録に、古代王権の中国と日本のちがいがよく表れている。日本では、宇多天皇のときから何代か、自らの手で日録が記された。「御記《ぎょき》」と呼ばれる。中国では、皇帝自身が日録を記すことなど、あってはならない事態である。荘園の進展などにより、一〇世紀に律令制度が崩壊に向かう時期、宮廷制度の変革、宮廷財政の再編に伴って生じたものとわたしは推測している（後述）。

「外敵」との戦闘は、平安遷都後、桓武天皇期に征夷大将軍、坂上田村麿が「蝦夷征伐」を行ったのち、鎮まっていた。平安中期に、平将門《たいらのまさかど》、藤原純友《すみとも》ら地方豪族が反乱をみせ、それを抑え込むための出費がかさみ、宮廷財政が窮迫した。史官の雇用もままならなくなり、御記も官記も途絶した。それゆえ、宮廷の権威を維持するために、宮廷儀式全般についての先祖伝来の記録、「家記」を保持していた家柄が重んじられるようになった。

『今鏡』（一一七〇年成立）などに見える「日記の家」は、院政期ころからの呼称とされるが、「礼」を支える音楽を司る家柄を「楽の家」、武門を「弓馬の家」と呼ぶのに倣い、「家記」を保持する家柄を呼び、小野宮流藤原氏や高棟王《たかむねおう》流桓武平氏がそれにあたる。だが、実のところ、官記が途絶したのち、王権の「礼」の掌握を真っ先にはたしたのは、藤原北家嫡流だった。摂関家の権力掌握は、藤原冬嗣《ふゆつぐ》、良房《よしふさ》、基経《もとつね》と三代にわたって天皇の外祖父、外戚の地位を得たことで説明されることが多いが、「礼」の管理権の掌握が必須の条件だった。典礼の記録である「日記」は、日本の古代王権内で権力を掌握する鍵になるものだったのである。

だが、院政期に、平家が台頭、源氏に政権が移ると、公権力の史書はもちろん、有職故実書も「日記」も様変わりしていった。戦乱の世を経て、徳川幕府によって、公権力の「日記」が再確立する。宮廷の「日記」も復活し、藤原北家がこれにあたった。それらとは別に各藩でも日記がつけられるようになる。

明治維新後は、先帝・孝明天皇以降の天皇・皇后の実録の整備が開始され、今日の昭和天皇実録に至る。本章では、公権力と日記のかかわり、その変遷の概略を追う。

「日記」の語源

「日記」の語源については、まだ曖昧なところを残している。古代・中国で、最も早くに現れる「日記」の語は、後漢時代に官吏を辞して民間に生きた学者、王充《おうじゅう》が『論衡《ろんこう》』（一世紀後半）巻一三〈効力〉に、「文儒の力」は文章に示されると論じるなかに「上書日記」と見えるのが嚆矢とされる。「上書」に優れた者として、漢の成帝に仕えた谷子雲《こくしうん》、「日記」に優れた者として孔子をあげている。そこから、皇帝に差し出す上表文など公の文に対して、「日記」は、私人として文章を日々、記したり、撰んだりする作業、いわば私記一般を意味するといわれてきた。これまで、わたしも、それに従ってきたが、「日記」の語が、その意味でひろがったかどうか、かなり疑問である。少しややこしい。

第一に、「日」という漢字一字に、私的の含意を読みとることが釈然としない。そこで、王充のいう「日記」を「日の記」の意味でとり、孔子が編んだ書物として伝えられていた『春秋』——年・時（季節）・月・日の下に記事を載せる——を念頭においていたと考えてみたい。王充『論衡』は、諸子百家の説を比較し、万物のおおもとが陰陽のふたつの気、また木・火・土・金・水の五行からなるとする陰陽五行説を、いわば迷信の類と退け、孔孟の教えにもかなり批判的だった。『論語』〈雍也〉にいう「文勝質則史」（文、質に勝れば則ち史なり）を念頭におき、文儒の力は「史」よりも、まず上書に示されるという含意で「上書日記」と連ねたと推測できるだろう。

第二に、平安前期、とりわけ嵯峨天皇のときに漢詩文が盛んになり、現存する漢籍の書目をまとめた『日本国見在目録』（八九一）が編まれた。その〈雑家〉中に『論衡』三〇巻が見える。それがいつ、渡来したものかも不明だが、『論衡』中の「日記」の語が、私記一般の意味で受けとられ、流布したとは考えにくい。

まず、日本の史書のうちに「日記」と付して登場する書目で、最も古いものとしては、卜部《うらべ》兼方《かねかた》篇『釈日本紀』（一三世紀後期）に、壬申の乱（六七二年）のとき、大海人皇子《おおあまのおうじ》（のち、天武天皇）のふたりの舎人の記した『安斗智徳《あとのちとこ》日記』と『調連淡海《つきのむらじおうみ》日記』から、それぞれ一部が引用されている。ともに日付を追った日次記の形式だが、『日本書紀』の編纂に際し、命じられて記されたものと推測されている。だが、それが、その時期から「日記」と呼ばれていたとは限らない。

『日本書紀』巻二五〈白雉五年（六五四）〉二月条には、第四次遣唐使に随行した伊吉博徳《いきのはかとこ》の『伊吉連博徳書』の一部が編入され、漂着し、難を逃れた一行が高宗の謁見を受けた様子などを載せている。巻二六〈斉明天皇五年（六五九）〉七月条、〈斉明天皇六年〉五月条、〈斉明天皇七年〉七月条にも、その後の記事を掲載。そのうち、〈斉明天皇五年〉七月条には、やはり遣唐使の随行員による『難波吉士男人書《なにわのきしおひと》』の一部が添えられている。どちらも日付を伴う個人の手記である。それらは紀行文、旅行記のようにいわれもするが、帰国後、あるいは『日本書紀』編纂時に、提出されたものではないだろうか。

「記」は著述、編述一般に用いるが、記録の意味が強い。また、それなりに構えたものをいうことが多く、ここで遣唐使の記録を呼ぶ「書」は、それより軽い。いわば書き付け類を呼んだものと想われる。「図」に対する「書」、もしくは書物を意味する「書」ではなく、書状や書簡に用いる「書」の部類である。

『日本書紀』巻二六〈斉明天皇六年〉五月条、〈斉明天皇七年〉四月条、巻二七〈天智天皇九年（六六九）〉一〇月条には、高麗から渡来した僧、釈道顕の年代記、『高麗沙門道顕日本世記』からの引用もある。これらが当時、「日記」と称されていたが、なんらかの事情で、『紀』の編者たちが、それを避けたとは考えにくい。

次に、日本の法令類のなかに登場する「日記」の最も古い例を見ると、嵯峨天皇の弘仁一二年（八二一）の宣に「自今以後、令載其外記於日記」（今よりのち、それを外記に日記に載せるよう令した）とある。* この詔は、それまで内記が受け持っていた詔勅の記録を外記の職掌の範囲に移すことを告げている。この時点までに、日付をもつ宮廷記録の全般を「日記」と呼ぶ習慣が確立していたことを意味しよう。

＊平安時代末期、一一二一年ころに編まれた法令集『類聚符宣抄』中に掲載されている。これまで「外記において日記せしむ」と読みならわされてきたようだが、「於」は、外記のほかの目的格である「日記」を明示するための前置詞的置き字だろう。また「外記」は今日、通例、「げき」と読んでいるが、桓武天皇が延暦一一年（七九二）で、公式用語を古くから用いられていたいわゆる呉音から漢音読みに改める令を発したのちは、公式には「がいき」であろう。

「外記」は宮廷儀式を記す少納言の下に置かれた史官、及び、それが受け持った記録のこと。日本では、天皇の詔勅や宣命及び位記を作成する内記が御所記録をも受け持ち、外記が内記の記す上書を校正し、また宮廷儀式の記録を残した。儀式の記録に添えて、式次第などを記したものは、しばしば別記と呼ばれる。

そして、嵯峨天皇は、同母兄の平城上皇がかなりの官吏を伴って奈良へ遷ったことから、天皇の秘書的役割を負う蔵人所を整え直し、また新たに京都の治安や民政を所管する検非違使を置きもした。これらにおいても、当番制で職務の記録をつける習慣がつくられ、蔵人日記、検非違使日記と呼ばれる。これらは当然、日次記である。日本における「日記」の語源は、これらに求めてよい。

だが、官記の類を「日記」と呼ぶ用法は、中国古代以降、長く見えないと今日の中国史の専門家はいう。そうだとすれば、日本流の逸脱である。漢字「日」と「記」の合成語は、いつでも日付をもつ記録一般を意味しうる。古代の日本で用いられた「日記」の語は、特定の日に行われた行事の記録、及び公務の日次記を意味し、私記一般を意味する用法は考慮しなくともよい。そして、日付のついた個人の手記を「日記」と呼ぶ習慣が、一三世紀までに、知識層に定着していった。おいおい、確かめてゆくが、先の『釈日本紀』中の『安斗智徳日記』及び『調連淡海日記』の呼称は、それゆえと考えてよいのではないか。

皇帝の日録

日本の古代王朝は、飛鳥～藤原朝期を通じて律令国家体制の整備に向かったが、内務省（唐では中書省）の下に陰陽寮を形成し、皇室の祖先崇拝を中心に、神・儒・仏・道の四教の併存をはかった。それゆえ、『古事記』『日本書紀』のなかにも、仏道や道教系の記述が見える。そこに中国と日本の古代王権の性格のちがいのひとつがある。中国の正史は儒を正統とするため、仏・道については記さないのがふつうで、仏・道は、北魏の正史『魏書』〈釈老志〉（五五九年成立）と『元史』〈釈老伝〉のみに現れる。*

＊前漢崩壊後に華北を統一した北魏においては、道教教団と結んだ太武帝による廃仏ののち、歴代皇帝が仏教を奉じ、道教の神をインドの仏の化身とみなす本地垂迹説が本格化し、『魏書』の編纂者、北斉の魏収が、それを無視しえなかったためと推測される。「記紀」が『魏書』を参照した可能性もあるが、いわゆる天孫系神話を掲げることとともに中国とは異なる独自の編成を意図したとみなしてよい。

中国の皇帝の日々の行動記録は起居注と呼ばれる。漢の武帝の「禁中起居注」があったことは、よく知られる。史官名として周代から「左史」「右史」があり、それぞれ君主の事績と言論とを記録したとされる。晋代から「起居令」「起居郎」「起居舎人」などの官職が設けられ、その制度は清朝が滅ぶまで続けられた。

現存する最古の「起居注」は、唐代の『大唐創業起居注』だが、以降、残されたものは少ない。唐代以降、皇帝逝去後に「起居注」をもとに「実録」を編む制度が整えられ、起居注は廃棄されたと推測されている。なお、清代の『起居注冊』は、現在、台湾の国立故宮博物館に保存されている。蔣介石率いる国民革命軍が第二次世界大戦後、共産党との内戦期に、台湾に撤退した際に、大陸より持ち出したものである。

『日本書紀』〈神功皇后〉摂政六六年条に『晋起居注』三〇巻、『大唐起居注』三巻より引用があるのは、何らかの事情で、流れ出たものだろう(引用の内容の正否とはかかわらないことである)。『日本書紀』編纂時に、唐の史官の手でもたらされたということもありえないことではない。今日、すでに発せられていた日本化した漢文による法令類は別として、全体を正則の漢文(漢音表記)で綴るには、白村江《はくすきのえ》の敗戦(六六三年)を前後して百済官人層に混じって渡来したか、あるいは長安から招聘したか、は意見が分かれるが、中国人史官の雇用が推測されている。

中国では、実録も、韓愈による唐の『順宗実録』と北宋の『太宗実録』(もと八〇巻、現存二〇巻)が現存するだけである。王朝が滅んだのち、次代の王朝によって、前代の「正史」が編まれると、実録も廃棄されたのだろうか。「史」には、前代の史官の残した記録は尊重し、内容に矛盾するところがあっても、そのまま載せるが、前代の王朝が滅んだ理由を教訓にするため、史実に論評を加えるのが基本姿勢である。*

＊正史とされる二四史のうち、前漢の史官、司馬遷が太古の伝説上の皇帝、黄帝から前漢以前までの通史『史記』を遺したのち、唐代に編まれた『南史』『北史』、北宋代に編まれた『旧五代史』『新五代史』が複数の王朝にまたがる記述を見せているが、他は断代史が基本で、統一王朝を築いた唐代に七史、北宋代に三史、元代に三史が編まれている。

中国の「史」は大きく編年の「紀」と人物の「伝」(列伝)の二部から構成されるが、日本では王朝の交代はなく、編年体を基本に、注記のかたちで「志」(記録類)を、また人物の死亡記事のあとに「伝」を付すかたちの六つの正史が漢文で編まれ、「六国史」と呼ばれる。『日本書紀』三〇巻(神代から持統天皇まで。養老四年〔七二〇〕編纂)、『続日本紀』四〇巻(文武～桓武天皇、延暦一六年〔七九七〕まで)、『日本後紀』四〇巻(桓武～淳和天皇、承和七年〔八四〇〕まで)の三つののち、ふたつの一代記が編まれた。『続日本後紀』二〇巻(仁明天皇代、貞観一一年〔八六九〕まで)、『日本文徳天皇実録』一〇巻(元慶三年〔八七九〕まで)である。「紀」とつくのは編年体を、「実録」は一代記を意識した名づけだろう。そののちには『日本三代実録』五〇巻(清和・陽成・光孝天皇、仁和三年〔八八七〕まで。延喜元年〔九〇一〕成立)が編まれたが、これは「実録」の語で「史」や「紀」に代用する意識が生じたためらしい。中国に規範を求めながらも、「書」や「記」の語の用法も、スタイルも日本流に変化した。なお、中国の「代」は、一王朝の存続期間を意味し、英語“dynasty”に対応する。日本の「代」は、ひとりの天皇の在位期間をいい、途中で元号が改められることも稀《まれ》ではない。長さに相当の開きがある。

天皇の御記

その『日本三代実録』の編纂を藤原時平や菅原道真《みちざね》らに命じた第五九代宇多天皇は、自ら日記一〇巻を記した（『寛平御記《かんぴょうぎょき》』、『宇多天皇御記』とも。逸文のみ残存）。仁和三年（八八七）の即位後、起居注にあたるものを自ら遺そうとしたと考えてよい。彼は、光孝天皇の第七皇子で、一時、臣籍に降下し、光孝天皇の先代、陽成天皇に侍従として仕えていた。その間に、宮廷記録にかかわっていたことも考えられる。だが、皇帝が自ら日記を記すことなど、中国では絶対に考えられない。あるいは、あってはならないこと。なぜ、このような事態が出来《しゅったい》したのか。

宇多天皇は菅原道真のほか、源能有《よしあり》、藤原保則《やすのり》など藤原北家嫡流から離れた人物を抜擢し、『日本三代実録』の編纂のみならず、菅原道真の指揮下で『類聚国史』の編纂に力を入れた。史官をそれらに振り向けたのではないだろうか。また内裏菊合（寛平元年、八八九）や光孝天皇の后（宇多天皇の母）班子《はんし》女王が主催する后宮歌合などを活発にする反面、官庁の統廃合も種々行った。菅原道真の建議で遣唐使を取りやめたのは、今日では、唐からの物品の流入が盛んになり、わざわざ費用のかかる遣唐使を仕立てる必要がなくなったと説明されている。宮廷財政の再編成が迫られていたことはまちがいない。

『宇多天皇御記』の後、第六〇代『醍醐天皇御記』（『延喜御記』とも）、第六二代『村上天皇御記』（ともに断簡のみ残存）が続き、三大御記と呼ばれる。その他、皇族のものに、醍醐天皇第四皇子、重明《しげあきら》親王の『吏部王記』などがある。

宮廷財政の逼迫がいわれるのは、天慶年間に平将門・藤原純友の乱を抑え込んだのちのことである。それでも、村上天皇の天徳四年（九六〇）三月の内裏歌合は、史上最大規模の贅を尽くしたもので、蔵人が殿上日記に遺している（第二章でふれる）。

そして、第六三代冷泉天皇は、大江匡房《まさふさ》『江記』（後述）逸文に残されているように、幼少期から突然、奇声を発するなどの「奇行」で知られる。漢文の日記をつける能力があったとは想えない。御記も殿上日記も、そのころ途絶えたのではないか。

大江匡房は第七一代後三条天皇、第七二代白河天皇に蔵人として、第七三代堀河天皇には公卿として仕えた。その間、つけていた日記が『江記』と呼ばれる。史官による宮廷記録が絶えていたため、自ら記していたと考えてよい。だが、歿する前に焼却している。宮中の禁忌にふれる記事が多かったからだろう。途中、漏れ出た逸文が他に引かれていることは、先にふれた。

公卿の日記

宇多天皇、醍醐天皇、村上天皇の直筆の日記が記された時期、上級貴族の日記として、醍醐天皇の下で官位をあげた藤原忠平《ただひら》が村上天皇の代につけた『貞信公記』（貞信公は漢風の諡《おくりな》）、その長男、実頼《さねより》の『清慎公記』、次男、師輔《もろすけ》の『九暦』などが知られる。『貞信公記』には、自身の思惑などを記す場合には、「私記也」とことわりを入れており、また、具注暦に書き入れるのがよいともある。*

＊具注暦は、吉兆判断や二十四節気・七十二候などを記した巻物で、一年を上下二巻とし、陰陽寮が作成にあたった。宮廷が地方行政組織に配布し、古代国家の時間を支配統制するためのものである。日本では古くから宮廷行事の記録を貴族や官吏が、私的な手控えを具注暦の余白や紙背に遺している。正倉院文書中にも、天平年間（七二九〜四九）のものが、国司の業務記録とともに見られる。たまたまの例が遺ったわけではないだろう。宮廷行事の列席者がつけるべき装束も式次第もあまねく知らされていなかったゆえだろう。中国では、儀式の私的な手控えは、のちのちまで見られないという。祭事の典礼次第などは「礼部」で細かく規定していたから、不必要だったと想われる。日本と中国では、だいぶ事情が異なっていたようだ。

だが、具注暦の作成、配布は新しく漉いた紙、漉き返した紙の不足などもはたらき、一〇世紀には崩れはじめていたことが、平安末期、鳥羽上皇の命で編まれた「六国史」の後を継ぐ史書、外記日記『本朝世紀』にうかがえる。また、貴族や寺院では、具注暦の作成や書写を暦博士や暦生に依頼することが慣例になっていったといわれる。律令制における公文書管理体制の崩壊である。

『貞信公記』は実頼による抄本、『貞信公記抄』のみ残っているが、もとは具注暦に書き入れられていた（暦記と呼ばれる）と考えられている。「抄」は抜き書きし、コメントを付す撰述形式が一般的だが、『貞信公記抄』の場合は、全体を筆写し、実頼がコメント（私記）を付し、別記から挿入しているところもうかがえるという。実頼自身は『清慎公記』を「私記」と呼んでいる。宮廷財政が悪化し、廃れた官記に対する呼称だろう。「日記」の語は、官記にも私記（家記）にも用いられていたことが確認できる。

このようにして、高級貴族が宮廷行事の記録を代々伝え、また意識的に古記録の収集も行われるようになる。藤原忠平は、宇多天皇の親政を菅原道真と並んで補佐した藤原時平の三弟。時平が菅原道真との角逐ののち、逝去すると、藤原北家を継ぎ、第六〇代醍醐天皇のもとで、延長五年（九二七）、時平の遺業を継いで『延喜格式』を完成させた。第六一代朱雀天皇の摂政、関白を務め、村上天皇即位後も関白に留まり、律令体制崩壊期に王朝国家体制への移行をはかった。史官を置かずにおいたのも、その一環であろう。

忠平はまた、宇多天皇の皇女・源順子《じゅんし》を妻とし、別の母親とのあいだの娘、藤原寛子《かんし》を醍醐天皇の第四皇子、重明親王に嫁がせている。つまり、律令体制の崩壊期に、宮廷の権威を保障する儀礼の掌握と、天皇家と縁戚関係を結ぶことを同時に成しとげたことになる。そして、忠平の長男、実頼は、その日録と別記とを再編し、残した。これが、藤原北家が江戸時代まで摂関家として存続する基礎になった。

藤原実頼自身がつけた『清慎公記』には、行事記録などを部立してまとめた部類抄を別につくったらしい。忠平の次男、藤原師輔『九暦』も、日次記である具注暦をまとめ直した『九暦抄』と部立方式の『九条殿御記』及び『九条殿記』と二様のものを編んだと推測されている。

藤原師輔は、村上天皇の治世を右大臣として支えた実力者で、娘の中宮・安子《あんし》がのちの冷泉天皇、円融天皇を産み、外戚として立場を強めた。師輔は、日々、起床後に行うべき事柄や忌むべきことなど、日常生活の作法、宮廷に出仕する際の心得など、公卿の生活全般にわたる「日中行事」について細かい訓誡を家訓書『九条殿遺誡』にまとめている。その要点を記した「遺誡」第一条の末に、具注暦のほか、重要な宮中行事については「別記」せよ、とある。具注暦に記した日次記は、史書の編纂、別記は有職故実のためと振り分けて考えることができよう。ここには、のちに『今鏡』などにいう「日記の家」を形成する意識が明白である。師輔の家系の九条流は、本来嫡流であるはずの兄の実頼の家系（小野宮流）よりも優位に立つことになる。

天禄元年（九七〇年）、摂政・太政大臣だった実頼が死去すると師輔の長男の藤原伊尹《これただ》が摂政となるが、二年後に急死し、その後継を次男の兼通《かねみち》と三男の兼家《かねいえ》が争ったが、兼通に関白が宣下された。だが、兼通歿後、策略により、花山天皇と一条天皇を即位させ、その外祖父にあたる兼家が摂政になり権力を握る。

有職故実書の編纂

他方、藤原時平と角逐を起こした菅原道真は『類聚国史』（寛平四年、八九二）を編んでいた。

宮廷行事の記録など参照するのに、行事ごとに分類しておいた方が便利なことはいうまでもない。「六国史」の記事を切り出し、神祇、帝王、後宮、人、歳時、音楽、賞宴、奉献、政理、刑法、職官、文、田地、祥瑞、災異、仏道、風俗、殊俗の一八部に分類した。

この分類方式は中国、初唐の欧陽詢《おうようじゅん》編『藝文類聚』（六二四）に代表される文典（文章規範集）など「類書」（分類した書物の意）の方式にならったものだが、巻頭に神祇を置き、仏道の項を設けるなど日本流に編成を替えている。このような文章規範書の編纂は、平安中期に、六国史ののちの上書や願文、詩文四二七篇を撰んだ藤原明衡《あきひら》撰『本朝文粋』一四巻に受け継がれる。そして、この日本流の部立は、鎌倉時代、橘成季《たちばなのなりすえ》篇の巷間の説話集『古今著聞集』（建長六年、一二五四）などに踏襲されてゆく。

朝廷儀礼の記録を撰述したものとしては、一〇世紀には、醍醐天皇の皇子で臣籍に降下したのち、左大臣となったものの、藤原氏との角逐から一時、大宰府に流されたこともある源高《たか》明《あきら》が村上天皇期の有職故実を私的に編纂した『西宮記《さいきゅう》』（せいきゅうき／さいぐうき、とも。もと一五巻か）がある。邸宅が右京側にあったことから、源高明が「西宮左大臣」と呼ばれていたことに由来する。村上天皇のころの毎年の恒例行事を「恒例」として一月から一二月まで月ごとに配列し、「臨時」の儀式は分けて「本文」をつくり、多くの文献を引用して出典を示す「勘物」を付す。重宝がられ、とくに「勘物」に補填がなされた諸本が遺っている。

一一世紀のものには、小野宮流の四条大納言・藤原公任《きんとう》が祖父の代からの「日記」や『西宮記』などから撰述した『北山抄』（二二巻、現存一九巻）が知られる。道長の要請でつくられたものと推測される二巻もあるが、全体は晩年、京都・北山に隠棲後にまとめられたと考えられている。

そして平安後期には、大江匡房による『江家次第』（もと『江次第』、二一巻、現存一九巻）が知られる。のち、室町時代の公卿で当代随一の学者と称された一条兼良《かねよし》は、これに詳細な注を付した『江次第抄』を編み、これら三書は「後世の亀鑑」と仰がれ、別格扱いされていた。大江匡房の談話筆記『江記』には先にふれた。

そののち、小野宮流を継いだ藤原実資《さねすけ》は、道長に阿《おもね》らなかったことで知られるが、その一生を編年体で『小右記』に編んだ。自身で記した日次記と部立形式の行事等の記録とを養子の資平に統合させたものといわれる。藤原北家嫡流を意識し、史書編纂の意志を示したものではなかったろうか。つまり、天皇及び公卿の日記は、史と有職故実の双方にかかわるものだったのである。

『御堂関白記』

藤原師輔の孫で、兼家の五男、道長は、有力な兄たちの栄達の陰に隠れていたが、彼らの病歿後に台頭し、三〇歳で左大臣となり、政権についた。道長は、その年、長徳元年（九九五）から具注暦に日録をつけはじめたとされるが、その部分は、平安後期に藤原師実《もろざね》が古写本から抄録したと推測される『御堂御記抄』（第一種）に跡を留めるのみ。具注暦を用いたのは、摂関政治の基礎をつくった藤原忠平の遺言に従ったものと見てよい。

道長の自筆日記は、何回かの中断を経て、寛弘元年（一〇〇四）からは継続的に記されたが、長徳四年から治安元年（一〇二一）のあいだの記事のみ、陽明文庫に現存する。その日記は、様ざまな呼称で呼ばれてきたが、道長が関白につかなかったにもかかわらず、『御堂関白記』の呼称が定着している。

寛弘七年（一〇一〇）上巻の褾《ひょう》（保護紙）に、

件記等非可披露　早可破却者也

（件《くだん》の記等、披露すべきに非《あら》ず。早く破却すべき者なり）

とある。理由はともかく、自筆で密かに記した手控えの性格が明確である。

道長は、いわば長い雌伏の期間に仏教の経文に訓点をつける試験に及第しており、漢文を読む能力はあった。が、文書管理の官吏を経験したことはなく、書くのは苦手で、いわゆる変体漢文、それも片仮名を多用する書き下し体に近い語順で漢字を並べる書き方である。だが、長く記しているうちに次第に漢文らしさが備わっていったようだ。ほんの少しだけ覗いてみよう

（本文は東京大学史料編纂所の古記録データベースによる。〔　〕は補足）。

長徳元年（九九五）五月

十四日、己未、吉書始参内、吉書、

（吉書〔を賜りに〕、初めて参内〔ここでは内裏に参ること〕す。吉書〔を賜る〕）

廿三日、戊辰、始出《ママ》里弟、

（はじめて里第〔道長の邸宅、土御門第《つちみかどだい》（殿とも）〕に退出す）

六月

五日、庚辰、任大臣宣旨、

（任大臣の宣旨あり）

十九日、甲午、任大臣、又持参朱器台盤等、

（任大臣〔の宣旨を賜った〕供宴のため参内、また朱器台盤等を持参す）

廿日、乙未、参勧学院学頭以下、

（勧学院学頭以下〔の者が慶賀に〕参る）

廿三日、戊戌、初着陣、昇進後初宿、

（〔就任後、〕はじめて着陣す。昇進後はじめて〔内裏内に〕宿候す）

廿七日、壬寅、巳時始用氏印、（以下略）

（巳刻にはじめて氏印〔ここでは認可に用いる左大臣の印〕を用いる）

極めてそっけない。『御堂御記抄』第一種と呼ばれる古写本からの抄録だが、もともと、心覚えのための手控えとして記されたと推測される。なお、五月十四日記事の「吉書」は、新任のために下される儀礼的な内覧宣旨のこと。凶を避けるためにこのように呼んだ。吉書を受けてのちは、左大臣の任務について学ぶため、宮中に留まっていたのだろう。

六月廿三日記事の「着陣」は、公卿が新任や昇任にあたって、吉日を選んで、陣座に着く儀式。その後、官職への就任手続きや各種儀礼の様子、祝いの贈答など、だんだん記述は詳しくなってゆく。次に、二四年を経たのちの記述を引く。

寛仁三年（一〇一九）二月

六日、甲午、心神如常、而目尚不見、二三尺相去人顔不見、只手取物許見之、何況庭前事哉、陰陽師・医家〔申〕可食魚肉、月来間不用之、今不奉見仏像・僧、経巻近当目奉読、若従此暗成、為之如何、仍五十日仮申三宝、従今日食之、思歎千万念、是只為仏法也、非為身、以慶命僧都令申之、従今日肉食間、可書法華経一巻。

（心神〔精神は〕常の如くあれども、而れど目はなお見えず、二三尺相去れば人顔も見えず、ただ手に取る物ばかりこれ見ゆ。庭前の事、何ぞいわんや。陰陽師・医家、魚肉を食うべしと申す。月来の間〔数ヵ月間〕、これを用いず。今、仏像・僧を見奉らず。経巻は目に近く当てて奉読す。

もし、此れに従いて暗くなるなら、これ如何とす。すなわち五〇日の仮を三宝に申して、今日よりこれを食す。無念千万なれども、これただ仏法のため。わが身のためにあらず。もって慶命僧都に令して、〔仏に〕申させたり、今日よりの肉食の間、法華経一巻を写経すべし、と）

道長は物忌のほか、しばしば心神の不調（ノイローゼ）に陥って、職務を休んでいるが、ここは眼病がひどくなったところ。本文の〔申〕は、のちの書き入れで、『御堂関白記』には、書入れ、墨消しなどが多い。本文も当日のうちに記したとは限らない。「仮」は一時的に仏道のつとめを休むという意味。

女房日記と史書

道長は、一条天皇期に『続三代実録』の編纂を考えていた（『御堂関白記』一〇一〇年八月二九日条、藤原行成『権記』同年八月八日条など）。それは一条天皇の逝去で頓挫したが、その遺志が正史たる「六国史」の後を継ぐかたちの『栄華物語』を生み、さらにいわゆる「四鏡」の編纂へと引き継がれたと推測してよいのではないか。

そして、女房たちにも種々の行事、出来事の手控えをさせていたふしがある。『紫式部日記』がそうであるように、それらは『栄華物語』編述の原資料となった（第二章後述）。

そのような藤原摂関家の意志が継がれなければ、国家事業でもなく、また、すべてが政権担当者の意志によるものでもないにしろ、天皇家九六代にわたる一連の史書が編まれるわけはないだろう。『大鏡』（『世継』とも。文徳天皇即位から後一条天皇まで〔八五〇～一〇二五〕。一二世紀への転換期に成立）、『今鏡』（『続《しょく》世継』とも。その後、高倉天皇代まで〔～一一七〇〕。一一七〇年成立）、鎌倉初期に編まれたとされる『水鏡』（神武天皇から仁明天皇まで五四代〔不明～八五〇〕の事績を編年体で編む）、高倉天皇・安徳天皇二代の治世を扱った『弥世継《いやよつぎ》』（亡失）を挟んで、『増鏡』（後鳥羽天皇の即位から後醍醐天皇が隠岐から都に戻るまで〔一一八三～一三三三〕の南北朝期）に至る。それらは摂関家系の男性貴族の手になるものと推定されているが、問答形式（『大鏡』）や語り手を設定したつくり物語の形式を採用しているのは、正則の漢文による天皇家の正史の形式はとれず、かつ『源氏物語』〈蛍〉に示されているように、物語の方が事細かに、また人の心が語れるという利点が貴族のあいだの共通認識になっていたことによるものだろう。

漢文による「六国史」が細かい事情に及んでいないことは、平安前期、宮廷の祭祀を司る中《なか》臣《とみ》、忌部《いんべ》両氏の争いに対して、平城天皇即位後、忌部氏側の記録の提出が認められ（『日本後紀』八〇六年八月）、斎部広成《いんべのひろなり》篇『古語拾遺』が成ったことにより、いわば公認されていた。だが、そこには、漢文でもその書き下し文でも、事細かくも、感情表現をもなしうるということが考慮されていない。そして、『栄華物語』では、巻三一〈殿上の花見〉に顕著なように、道長を光源氏に比す行文が指摘されている。中国の史書につくり物語を意識したものなどありえない。自由度の高い物語の様式が、史実と歴史上の人物の感情の表出や史実に対する評価を加える歴史叙述を生み出していた。そのことがのち、明治期に、西欧近代の芸術概念を受け入れた芳賀矢一が「歴史物語」という新しいカテゴリーを発明するもとになる（後述）。

官記の途絶

『今鏡』第六〈花散る庭の面《おも》〉には、大徳寺（藤原）公能《きんよし》が蔵人頭のとき（一一三七春から翌年の秋まで）、「殿上の一寸物《いっすもの》し、日記のからひつ（唐櫃）に、日ごとに日記かきていれなどしてふるきことをおこさんとし給とぞきこえ給し」とある。「一寸物」は、一種ずつ肴《さかな》を持ち寄っての酒宴。このころには、蔵人日記が廃れていたことがわかる。

　その記事の約一〇年後、藤原頼長《よりなが》の『台記』久安三年（一一四七）六月一七日条には、鳥羽上皇に、外記日記を記すように要請され、「中古」以来、絶えていたと答える記事が見える。「中古」は、それほど遠くない昔の意味。絶えていた理由は、史生（史官）に俸禄が払われなくなったためとある。例外として六位の者が記したことがあったと告げると、先例があるならそれでもよい、と上皇が答えたと記されている。蔵人の殿上日記が久しくつけられていなかったことも記されている。

史生に俸禄が払えなくなったのは、先に推測したように村上天皇代のころと見てよいだろう。やがて、小野宮流の有職故実を継ぐものが蔵人頭につくが、殿上日記を記さずに、私記のかたちをとった。若いころ、藤原道長に寵愛された藤原資房《すけふさ》は、長暦二年（一〇三八）に、三二歳で後朱雀天皇の蔵人頭に任じられ、左近衛権中将を兼ねており、頭中将となったが、第六九代後朱雀天皇と対立した関白・藤原頼通《よりみち》は資房にも敵意を向け、それゆえ、この時期の資房の『春記』には、頼通に対する反感がむき出しになっているという。

そのような事態に対して、鳥羽上皇は、信西《しんぜい》（藤原通憲《みちのり》）に命じて、『日本三代実録』以降、宇多天皇の八八七年以降、第七六代近衛天皇までの期間（〜一一五五年）の諸家の日記や系図を集めさせ、時代順に整頓した『本朝世紀』二〇巻を編んだ。が、信西が平治の乱（一一五九年）で歿したため、これは未定稿のままに終わった。『史官記』『外記日記』とも呼ばれるが、多くは散逸。

なお、院政期には、それ以前、大江匡房の談話筆記録『江談抄』（一一一一年前後に成立か）第二〈雑事〉一六に、図書寮の紙工が「外記日次日記」等を盗み取る事件が起こったことを記した条があり、そこでは「日次」を抜かして「外記日記」と言い換えている。わざわざ日次と言わなくとも、「日記」だけで日次記を意味する用法が定着していたと見てよい。

大江匡房の『江記』『江家次第』には、先にふれたが、『江談抄』はそれとは別に、漢詩文・

公事・音楽など多方面にわたって撰び、口述した書物で、蔵人所の文章生だった藤原実兼（信西の父）に筆記させ、途中、ところどころに漢字カタカナ交じりの書き下し体も交じる。これが変体漢文と呼ばれてきた。部立をしない古本系と、のち、中世に、部立した「類聚本」系が伝えられている。史書編纂の補いにする意識によるものだろう。

一三世紀半ば、橘成季『古今著聞集』の序に、

宇県亜相巧語之遠類、江家都督清談之余波也

（宇治大納言の面白い話の遠縁にあたり、大江匡房の清談の流れを汲むもの）

とある。堀河天皇のとき、大宰府の帥《そつ》（長官、唐名が都督）を務めた大江匡房の清談とは『江談抄』を指す。さらに実録を補うことが意図であると述べている。『宇治大納言物語』（散逸）は、『宇治拾遺物語』に引き継がれていることから、巷説の類の集成とみてよい。

中国でいえば、民意の動向を探るために稗官が集める稗史にあたるもので、それをもって史書を編む助けにすることは、中国では考えられない。半ば冗談かもしれないが、『江談抄』にその意図を読みとっているのは、たしかであろう。院政期に民間の説話を集めたと推測されている『今昔物語集』が、事件の日付と場所とを特定する構えを見せているのも、民間の史書を記す意志によるものと見られる。

先にふれた藤原頼長は、兄の関白・藤原忠通《ただみち》と対立し、父・藤原忠実《ただざね》の後押しにより藤原氏

長者、内覧となり、儒教の論理を重視し、律令旧儀の復興・綱紀粛正に取り組んだが、慣例との妥協を嫌う苛烈な性格は周囲との軋轢を生み、「悪左府《あくさふ》」の異名をとり、鳥羽上皇の歿後には、追い詰められ、保元の乱（一一五六年）の首謀者となったことも、よく知られる。その『台記』には、頼長が男色を好んだことがあからさまに記され、相手は随身、稚児、舞人、武士にも及ぶ。多数の公家との関係も絆を結び、政治的孤立を補おうとする一面もあったと推察されている。頼長の関心は、有職故実を越えて、当時の風俗全般にわたる。

公卿日記のなかの夢

平安中期以降、鎌倉時代にかけての摂関家の公卿の日記には、自身の見た夢、また他者の見た夢が多数記されており、後者は周辺の人びとから集められ、共有されていたことがわかるという。今日、「夢語り共同体」と呼ばれている。それらには、夢の内容が書かれている場合もあり、ない場合もある。吉か凶かだけ、わかる場合もある。彼らは、夢見が悪いと、参内しなかったり、金鼓を打ったり、僧に修法をさせたり、夢にひどくうなされると寺社に諷誦させ、また陰陽師に占わせたりと、まるで夢に振りまわされている。

だが、鎌倉時代に入ると、夢は別記して置き、自身の願望の成就などのきっかけによって、「日記」中に登場するケースも見られる。藤原頼長『台記』には、頼長が心待ちにしていた内覧宣旨を受けた久安七年（一一五一）正月一〇日の記述に、かつて自分が左大臣になることを告げる夢を人びとが見たと告げてきた手紙などが別記から転写されている。

試しに、それらのうち、とくに夢の記述の目立つものをあげてみよう。藤原道長が権勢をふるうなかで、藤原北家嫡流の自恃を保った藤原実資の『小右記』、後朱雀天皇のもとで関白、藤原頼通と敵対することになった藤原資房の『春記』、院政期に摂関家の栄華奪回をはかろうとした藤原忠実《ただざね》の『殿暦』、藤原頼長の『台記』、保元の乱ののち、逼塞した摂関家の権威を有職故実に通じることにより保とうとした九条家の祖、藤原兼実《かねざね》の『玉葉』、鎌倉前期の公卿で、西園寺家の三代目とされる藤原宗実《さねむね》の『右記』、鎌倉中期に順徳天皇の蔵人頭をつとめた平経高の『平戸記』には、夢の記述が一年あたり五つ以上、数えられている。

総じて、また突き放していってしまえば、政治の変革期に、有職故実の掌握によって家格を保とうとする姿勢を貫いた公卿たちには、周辺の人びとの見る夢をも含めて、夢に何らかのお告げが示されているのではないか、と気にかけることが多かったといえよう。彼らはその一族周辺の共同体を維持する唯一の根拠を古代王権の宗教的権威を支えてきた朝廷儀礼の掌握に求めたのだった。彼らは、それが共同幻想であることをよく感じとっていたゆえに、その崩壊に向かう兆しが、天変地異などとともに、人びとの夢に明滅するのではないか、と気を配らずにはいられなかったのだろう。

『明月記』のことなど

平安末期から鎌倉前期の公家で、歌人、書家として広く知られる藤原定家が早くから克明な日記を記していたことも知られる。藤原氏の末流を「日記の家」として再興する意図ゆえともいわれる。定家については、存命中生前から毀誉褒貶おびただしいが、中世に定家崇拝が起こり、南北朝ころから、その日記は『明月記』と呼ばれはじめたとされる。定家は、和歌を書すのに必要な仮名遣い規則をつくったことや王朝の『源氏物語』『枕草子』などの写本でも知られる。いわば文化官僚の筆頭家をつくる意志によるものだろう。

ここで『明月記』の治承四年（一一八〇）九月条、定家、一九歳の秋の条にふれておく。

世上乱逆追討、雖満耳不注之。紅旗征戎非吾事

（世上乱逆追討、耳に満つと雖《いえど》もこれを注せず。紅旗征戎吾が事に非ず）

逆賊を撃つ朝廷の旗に与しない超然たる姿勢を見る解釈がひろがっているらしい。白楽天の律詩「劉十九同宿　時淮寇初破。」の冒頭句、

紅旗破賊非吾事　黄紙除書無我名

（朝廷の旗に従い賊軍を破る武勲とは無縁の身、戦に臨む任官の命を受けたわけでもない）

を踏まえたもので、後年の書き入れとの推測もなされている。だが、すでに反平家勢力が各地

で旗揚げし、争乱の気配が世に満ちていた。「世上乱逆追討、耳に満つ」の通りである。とすれば、後年の書入れという説にも従いにくい。それは、前年には顕著になっており、とくにこのとき、彼を揺さぶる大きな事件があったわけではない。このとき、白居易が朝敵征伐の知らせにも応ぜず、劉青年と酒を酌み交わし、碁を打っていたと嘯《うそぶ》く詩に出会って、書き留めてみたというほどのことではないか。

定家の場合は、それがいつの筆記になるにせよ、公家として和歌の道を歩むことで朝廷に仕える覚悟を述べたまでのこと。中世の公家の歌道を政と切り離して考えるのは、近代の立場にほかならない。定家が後鳥羽院の御歌所に仕えたことも、鎌倉幕府にも応接し、源実朝に『近代秀歌』及び家蔵の『万葉集』を献じたことも、よく知られる。

だが、鎌倉幕府の政権下に、新たな「日記の家」たらんとするその志は受け入れられることはなかった。定家の直系で藤原北家の一分派、冷泉家に『古今和歌集』についてのくさぐさを秘伝する「古今伝授」を遺しただけだった。とはいえ、定家は連歌師たちの尊敬を集めて、その後の和歌及び文章評価史に大きな影を投げることになった。*

* 定家の「紅旗征戎非吾事」の語句が広く知られるようになったのは、第二次世界大戦後の文学界に活躍した堀田善衞が『定家明月記私抄』(一九八八)などで、戦時下に若くして、この条に出会い、それを「芸術至上」の姿勢のように感じ、愕然とした思い出を語ったことが大きい。堀

田が中世文学に関心を注いでいたのは、一九四二年ころから小林秀雄が戦争に際しての日本人の態度を中世の戦乱期に探る動きを承けたものだが、小林秀雄らは他方で、大東亜文学者大会（第二回、東京、一九四三年）の下工作のために「満洲国」に、また第三回（南京、一九四四年）のために北京に赴くなどしていた。が、堀田には戦争とも天皇とも距離をとる姿勢があり、それゆえ、定家の言葉にうたれたといえよう。

また、平安末期に勘解由《かげゆ》長官や検非違使別当を歴任した藤原（広橋）兼光《かねみつ》の五男で鎌倉前期の公卿、藤原頼資《よりすけ》以降、経光《つねみつ》（勘解由小路家《かでのこうじけ》初代）、兼仲《かねなか》、光業《みつなり》らが自筆日記を遺している。彼らは出仕した日の行事記録を日次記に遺し、それとは別に公私にわたる仔細な記事とを並行して記しているという。武家政権による公式行事に、事細かに気遣う必要があったからではないだろうか。あるいは武家政権下に「日記の家」たらんとしたのかもしれない。

ところが、というべきか、それゆえ、というべきか、室町時代には天皇の起居注にあたるもの、及び宮廷内の諸事万端を女官が記すことになる。「御湯殿《おゆどののうえの》 上日記」と呼ばれる。禁裏（宮中）にある御湯殿のそばに女官たちの控えの間があり、そこに備え付けられ、当番制で記された。当然にも仮名文である。

だが、それも一六世紀中葉には見られなくなるという。江戸時代後期の湯浅常山『文会雑記』〈二下〉に、この御湯殿上日記の写本を水戸藩第二代藩主、徳川光圀《みつくに》が借りてつくり直したという記事が見える。宮中に保存されておらず、珍重されたという。

争乱期の史書

室町幕府の成立以前、南北朝の争乱は、公の権威、権力の分裂を意味し、「事実」とその解釈をめぐる私的な史書が書かれる時代を招き寄せた。まず、南朝（吉野朝廷）方の参謀、公卿の北畠親房《きたばたけちかふさ》が独自の史書を編んで、幼帝、後村上天皇に献上するという事態を生んだ。神代から後村上天皇の即位までを天皇の代ごとに記すかたちをとり、南朝の正統性を説くが、中国の易姓革命史観に対して、天皇家の一種姓を「事実」として立てて優位を示していること、朱子学の影響を受け、「仁徳」による政治を重んじ、天皇でも仏教に傾斜した者は批判し、武家でも徳治を行った者を擁護するなど、それなりの「道」（この場合は、論理性）による歴史解釈が際立っている。

この思想が当時ひろまったわけではない。が、徳川光圀が親房の思想を高く評価し、これを利用して、「武家による徳治政治」の正当性を説くなどし、大名家のなかに、北朝の系譜を引く皇室に対して、南朝方を正統と認める史観を育てるもとになった。

儒・仏・道が鼎立して皇帝を支える南宋時代に育まれた朱子学は、忠義を前面に立てる。『太平記』も、その影響を受け、南朝方についた土豪、楠正成《くすのきまさしげ》らの忠臣を賛美する。

この忠義を押し出す考えは、しかし、室町幕府の守護大名として九州を治めるなどした今川貞世（出家後、了俊）が、南北朝後半期から室町初期まで今川氏が一貫して宗家である足利将軍家に忠誠をはたしてきた史実を押し出した一種の家訓書（応永九年、一四〇二）にも貫かれている。その内容に、『太平記』に認められない自身の功績を記すところがあるため、のちに『難太平記』と呼ばれた。戦乱における功績が封地や俸禄に響き、子孫にもその影響が及ぶため、このような書は、かなりのひろがりをみせる。

公権力の争奪戦期の史書の類は、一代記のかたちをとる。信長に仕えた太田牛一《ぎゅういち》による『信長公記』は、『吾妻鏡』（『東鑑』とも）のような文飾のない、かなり和製漢語を交えた武士の漢文を、そのまま書き下した文体である。それに対し、豊臣秀吉に側近（お伽衆）として仕えた大村由己《ゆうこ》による『天正記』は、軍語《いくさ》りの型を踏襲し、事件の事実性に立ちつつ、秀吉を絶対的存在として書いている。

これら『信長公記』と『天正記』は、江戸初期に小瀬甫庵《おぜほあん》が、徳川が政権を握った世の秩序に収め、かつ儒学の実践という枠組みを与えて、それぞれ『信長記』『太閤記』に再編した。とりわけ後者は『絵本太閤記』など通俗本につくりかえられ、広く読み物として流布することになる。

天下を取った武将とは別に、伊達政宗の活動記録『伊達日記』が重臣の手で記されるなど、戦国武将の事績の記録もつくられた。各地の合戦や一族代々の記録も多く書かれ、武田信玄父子を中心とする武田藩一統の戦ぶりを記し、また評した『甲陽軍鑑』は、家中で書き継がれていた記録をもとに、江戸時代に再編され、戦国武士の生き方を書いた本、また兵法書として、武士層にも庶民にもよく読まれたといわれる。

徳川幕府による制度整備

江戸時代には、公権力の制度が再確立する。殿中の日記は「御日記」と呼ばれ、寛永（一六二四〜四四）から宝永（一七〇四〜一一）に至るあいだは、内外記が記している。が、途中、明暦期（一六五五〜五八）は、殿中御沙汰書の記録になっていると、江戸幕府の御書物奉行を務め、探検家としても知られる近藤重蔵守重《もりしげ》（正斎）が書誌学研究書『好書故事』（文政九年、一八二六年ころ）〈四上、御日記〉の条に明記している。『好書故事』には、「駿府政事録ハ、神祖ノ起居注ニシテ」ともある。徳川家康の駿府城における行動記録（一六一一〜一六）は、天皇の起居注に匹敵する名称で呼ばれている。「神祖好テ東鑑《あづまかがみ》ヲ読セラル」ともある。家康が武家・武士の制度整備に心を砕いていたことが知れる。

『東鑑』（『吾妻鑑』とも）は、まず鎌倉幕府に雇われた公家の手で編まれたが、各種記録を掻き集め、つぎはぎするのが精いっぱいで、遺漏も多く、真偽の定かでない記事も多い。巻が進むうちに、担当した者たちが自家に有利な記載をしていることも指摘されている。それゆえか、徳川幕府が『東鑑』を前代の正史として扱ったことはない。江戸幕府はむしろ、『平家物語』『太平記』を武家政権の正統性を謳うものとして尊重し、三代将軍、徳川家光の命で、林羅山・鵞峰父子により、改めて通史の編纂が行われ、『本朝通鑑』が編まれた。水戸藩では、光圀が「紀」の形式をとる『大日本紀』の修史事業を開始することはよく知られる。

武家政権の正統性の問題は、天皇家がふたつに分かれた南北両朝の抗争とその収拾の評価に深くかかわる。明治末期、一九一一年にも、日露戦争後の世が騒然としつづけるのは、南北両朝をともに認める東京帝国大学の国史学者が悪いとばかりにジャーナリズムがとりあげ、論争になった（南北正閏論争）。

近藤重蔵守重『好書故事』には、また、「桜田御殿日記ハ、甲府藩邸ノ私記ナリ」とも見える。藩の公式記録も、幕府すなわち公権力から見れば「私記」に属するゆえである。江戸時代には地誌の編纂も進む。たとえば宝永元年（一七〇四）、徳川綱吉により柳沢吉保が甲斐を拝領したとき、前領主より受け継いだ一件一件の公式記録（一件書）の類を古山元右衛門に写させたものがある。寄合旗本、松平定能《さだまさ》が甲府勤番にあたった文化二年（一八〇五）より九年の歳月をかけて甲斐国の地誌の編纂を行い、文化一一年に『甲斐国志』にまとめて幕府に献上したなかに写されて今日に伝わる。筆者した者の名をとって『古山日記』と称されている。

これは藩の記録だが、宮廷や公卿、また武家などから商家が御用を承った日付をもつ一件一件の控え控えは「御用日記」と呼ばれる。古くからそのように呼ばれていたのかもしれないが、その呼称がひろがっていたかどうか、定かでない。徳川幕府の修史事業や地誌編纂事業を通して、まとめて写すことが行われるにつれ、その呼称もひろがったのかもしれない。なお、検地の記録は村高帳、番所の記録は番所記録と呼び分けられていた。つまり、公私を問わず、日付をもつ文書一般が「日記」と呼ばれつづけたわけではない。それを確認しておく。

なお、柳沢吉保の一代記を、『源氏物語』に擬してつづったものが『松陰の日記』と呼ばれている。吉保の側室、町子（理性院）の手になるものと伝えられるが、日付など時期を特定し、和文で物語風に記したもの。それゆえ「日記」と呼んだのだろう。

近現代の天皇実録

明治期以降、皇室関係の修史事業について簡単にふれておく。幕末に王政復古の掛け声とともに、尊王攘夷運動が盛んになったが、紆余曲折を経て、西洋列強が東アジアに侵出する動きに促され、日本は開国と近代国民国家建設の道を急ぐことになった。帝国憲法――「国法」とせず、聖徳太子が定めた「十七条憲法」から「憲法」の語が借りられたことも、維新すなわち「復古」革命の余波といえよう――では、とりわけプロイセンなどの王権神授説に立つ立憲君主制を参照し、万世一系の天皇家を担ぐ近代天皇制がつくられた。維新政府は古代の「六国史」を継ぐべき日本史の編纂を企て、明治九年（一八七六）、各大名家に史料の提出を命じたが、この事業は遅々として進まなかった。

帝国議会の召集を機に、宮内省主導で明治天皇の先帝・孝明天皇の誕生（一八三一）から、廃藩置県（一八七一）までの『国事訣掌録』の編纂のために、公家や諸大名家の記録の収集が着手され、まず、宮内省先帝御事蹟取調掛により、明治三九年（一九〇六）、『孝明天皇御事蹟紀』二二〇巻が完成した。これは長く秘せられていたが、第二次世界大戦後、一九六七年に刊行される。

明治天皇逝去後には、大正三年（一九一四）、大正天皇の命により、明治天皇紀を編修するため、宮内省に臨時編修局を置いたが、編集方針をめぐって、国史とすべきか、天皇の事績中心とするかが定まらず、「大日本帝国憲法」「皇室典範」等の起草にあたった金子堅太郎が大正一一年（一九二二）に局長に正式に就任し、大正末年に東京帝国大学国史学科名誉教授、三上参次を編修官長として、『明治天皇紀』の編纂が進められ、昭和八年（一九三三）に完成した。全一三冊で、吉川弘文館より昭和四三～五二年（一九六八～七七）に刊行された。

『昭憲皇太后実録』（全四五巻、及び年譜）は、昭和三一～四一年に編纂され、明治神宮監修上下巻、別巻年譜の形態で、吉川弘文館より、平成二六年（二〇一四）、昭憲皇太后百年祭記念出版として刊行された。

『大正天皇実録』は、天皇歿後の翌年から宮内省図書寮編修課が編集を開始、本文八五冊（年表二冊、索引七冊、正誤表一冊）が昭和一二年（一九三七）に完成した。二〇〇一年、情報公開・個人情報保護審査局が非公開を不当と判断、二〇〇二年から順次、部分的な閲覧に供されている。『貞明皇后実録』（書陵部編修課貞明皇后実録編纂部編、二九九冊、年譜六冊）は、昭和三四年に完成している。

昭和天皇歿後には、宮内庁によって、『昭和天皇実録』本文六〇巻が二〇一四年に完成、東京書籍より順次、刊行されている。戦前、戦中期の昭和天皇の言動が、さまざまに漏れ出していたし、敗戦処理から、連合軍総司令官、ダグラス・マッカーサーとのやりとり、いわゆる「人間宣言」のあたりが、どのように記述されているのか、知られざる一面が記されているかなどなど、今日、関心を呼んでいる。

第二章　古代——私的「日記」の多様な展開

日録と回想記の多様性

日本古代には、公権力の日記とは別に、その事業に携わった人びとが遺した日記類もさまざまに残されている。遣唐使の日記、僧侶の職務記録もそれに準じる。また、藤原摂関政治は、後宮文化の隆盛とともにあり、女房たちの手で歌会の記録、宮中の記録が、仮名文で残された。『紫式部日記』もそのひとつに数えてよい。本章前半では、それらをひとわたり眺めることにする。僧侶の夢記にも着目したい。

それとは別に、誰に指示されたわけでもなく、さまざまな個人の回想記が仮名文でつづられた。回想は、一生に近いものから、半生、また一年に満たないものまである。が、みな、和歌を核にした歌日記を連ねるかたちをとる。みな回想の時点から振り返る意識によっている。詞書《ことばがき》とうたによるその日、その日の歌日記を短篇物語に仕立て、それを数珠つなぎに編んでゆく『伊勢物語』『大和物語』などの歌物語、ないしは、それらを長篇の虚構のストーリーの展開に組みこむつくり物語のかたちを意識したものである。

『伊勢物語』は、在原業平の歌日記として伝えられたものがあったにせよ、業平のうたを核にした短篇を、身を用なき者と思いなした色好みの貴族の一代記のかたちに編んだもので、新作が次から次へと重ねられていったと推察される。『狭衣《さごろも》物語』では『伊勢物語』を『在五中将の日記』と呼んでいる。一話一話が、かなり漠然としてはいるが、ある日、ある時のことと限定しているからだろう。九九話など、やや具体的に「右近の馬場で騎射の行われる日」と語りはじめるものもある。歌日記の類を漠然とひろげて「日記」と呼んだと推測される。

同じく「色好み」の貴公子、平安中期の歌人、平貞文を主人公とする『平中物語』（成立未詳）では、趣向が変えられ、恋の駆け引きが書かれる。贈答歌で話をつくるものが多くなり、その分、一話一話も長くなる。それに対して『大和物語』（九五一ころまでに成立）は、実在した皇族、貴族、僧侶らの歌の由来譚のかたちをとるものが多く、前半は当代の人、後半は古歌についてのものとなり、「生田川」「葦刈」「龍田山」「姨捨」などの伝説が呼び集められている。うたからうたがつくられ、物語に物語が重ねられ、一話のストーリーに後日談が加えられるなど複雑化してゆく様子が見られる。いずれも歌語りの場がつくりだしたもので、ある時点での編者は想定されようが、その性格からして、作者が特定されるべきものではない。

『土佐日記』は、公務の旅の記録の手控えをもとに、歌日記を数珠つなぎにして歌物語のように編んだもの。一篇一篇は旅程の日々の記録だが、土佐で亡くした子への思いと都へ急ぐ思いが交錯しつつ、全篇を貫いている。

『かげろふ日記』『更級日記』は、つくり物語のかたちを借り、『和泉式部日記』は、贈答歌による歌物語を中篇に編んだものである。だが、歌日記を数珠つなぎにして、歌物語との中間のかたちをつくるものは、ほかにも、平安後期の『成尋《じようじん》阿闍梨《あじやり》母《のはは》集』、『建春門院中納言日記』(『たまきはる』)、『建礼門院右京大夫集』などがある。それとは別に、男性貴族の『篁日記』(『篁物語』)、『平中物語』(『貞文日記』)、『高光日記』(『多武峯《とうのみね》少将物語』)などは日記と物語の双方の呼称をもつ。物語的な構成意識が読みとれるからである。

　これらをみな体験に基づく歌日記の変形としてひと括りにすることはできる。が、それでは、うたの記録である歌日記と、その手控えを回想記としてまとめる構成意識のちがいを逸してしまう。「女房日記」だけを切り分けようとすると、宮廷の出来事の日々の手控えを、はっきりした構成意識なしにまとめた『紫式部日記』との性格のちがいが無視される。そもそも、当時、それらを一括りにする意識は生じていなかった。「日記文学」として書かれたものではなく、言い換えれば、ノン・ジャンルだった。

遣唐使の日記

「日記」に、個々人の行動、見聞の記録としての性格を求めるなら、その起源は、遣唐使の随行録に求めるのがよいだろう。『日本書紀』中に引かれた『伊吉連博徳書』が嚆矢とされる(第一章でふれた)。唐に赴き、比叡山に天台宗を開いた最澄に長く仕えた円仁が二度の失敗ののち、唐に渡り、五台山へ、さらには長安へ旅した『入唐求法巡礼行記』も、その延長にある。天台宗に任務報告するための手控え、いわば職務の日録である。
承和五年（八三八）六月一三日に博多津を出て、志賀島から八日間の航海で揚州東梁豊村に七月二日に到着したものの、船は座礁して大破した。天台山を目指すが、長期の滞在許可を得ていなかったため、許されなかった。だが、山東半島を拠点に活躍する新羅の海商の斡旋で通行許可証だけは得ることができた。彼は遣唐使の一行から外れ、新羅僧の世話になりながら不法滞在の挙に出た。

円仁は、文殊菩薩の聖地として信仰を集めていた山西省東北部にある五台山を目指し、五八日、徒歩で旅した。五台山では、『法華経』中心に衆生を救済する教え（顕教）と『大日経』を中心に真理を極めようとする道（密教）とを整合する教えなどを学んだ。八四〇年五月には二度ほど、自分だけ、晴天に光明を見たが、六月二日には谷を隔てた峰の上空に「聖燈」が現れ、次第に大きさを増すのを見て、文殊菩薩の顕現と感じ入っている（帰国後に円仁が語ったことを記したと思しい『慈覚《じかく》大師伝』では、前者が六月に「五色円光」を見たとし、後者は七月初とする）。光線の具合で、とくに朝夕の霧のなかにしばしば自身の影を中心に、虹色の円光が見えるブロッケン現象だろう。世界各地で観察されるが、それがよく現れるため、五台山が古くから霊場とされたと考えられる。

円仁は、さらに密教を受法するため、五三日をかけて唐の都、長安に赴いた。長安でも新羅人社会の世話になり、随行していた愛弟子を失う悲しみを乗り越え、梵字（サンスクリット語）の写経もなし、経典五五九巻（『入唐新求聖教目録』）を携えた。日本の天台宗に招来されていなかった金剛界曼荼羅を絵師に依頼して描かせもした。その曼荼羅を日本に持って帰る夢をみ、亡き最澄が現れて「極大歓喜」し、礼拝しようとする円仁を制して、逆にお前を拝すといい、弟子である自分を深く拝したと記している（八四〇年一二月二九日記事）。

長安で密教を受法したのちの記載は粗略になると指摘されているが、いかにして目的をはたしたかの報告に力点がかかって当然である。唐王朝の衰退、世相の混乱のなかで、帰国の許可はなかなか降りなかったが、武宗による廃仏が興り、外国人僧侶の国外追放令によって帰国の途につく。山東半島で新羅人が建造してくれた船が何者かに破壊されるという災難に遭いながらも、新羅の貿易船に便乗し、帰国した。その日記は、帰国後も含め、九年六ヵ月に及ぶ。円仁は、その功績により、第三代天台座主となり、慈覚大師と崇《あが》められた。

宇多天皇のとき、菅原道真の建議で遣唐使は中止されたが、中国との行き来が途絶えたわけではない。円仁の一五年後、天台宗の僧、円珍は、仁寿三年（八五三）に唐に渡り、天安二年（八五八）に帰国し、『在唐私記』を遺した（本人による抄出『行歴抄』のみ残存）。東大寺の僧で、永観元年（九八三）に宋に渡り、寛和二年（九八六）に帰国した奝然《ちょうねん》の『奝然在唐記』、延久四年（一〇七二）に北宋へ渡り、宋朝に迎えられて彼の地で歿した天台の僧、成尋《じょうじん》による『参天台五台山記』などなどがある。長く続く日本人の中国旅行記は、概して、政治の動きや異国の町の様子など細かい観察に満ちており、今日の中国の歴史家に珍重されている。

このような遣唐使の日録を「日記」と呼んだ例が『うつほ物語』（作者不詳）中にある。平安中期のつくり物語で、遣唐使の船が波斯国（ペルシャ）に漂着し、清原俊蔭《としかげ》が持ち帰った琴とその秘技をめぐる伝奇物語のストーリーが展開する。が、宮廷場面などリアリティーに富み、用語や概念まで想像にまかせているわけではない。その〈蔵開《くらびらき》・上〉に、藤原仲忠が朱雀院に「家の古集のやうなる物」を披瀝するセリフを引く。俊蔭は仲忠の祖父にあたる。

俊蔭の朝臣、唐に渡りける日より父の朝臣の日記せし一《ひとつ》、詩・和歌記せし一《ひとつ》亡《う》せ侍りける日まで日付《ひづけ》しなどして置きて侍りけるを、俊蔭の朝臣帰り参《ま》うで来つるまで、作れる事もその人の日記などなむその中に侍りし。

（俊蔭が遣唐使に行ってから〔帰国を待って〕、その父（清原の王）が日記していたものがひとつと、詩歌の集がひとつ。これは彼が亡くなるまで日付をつけて記していたもので、俊蔭が帰国する日までにつくったものも、その人の「日記」ということになるでしょうが、そのなかにございます）

俊蔭の「父の朝臣」、清原の王が「日記」をつけていたのは、俊蔭が帰国したのち、留守中の出来事を報告するための記録であろう。「その人の日記などなむ」は、つくった日を控えてある詩歌や文章も、日記のうちに数えられるでしょう、というニュアンスだろう。
『狭衣物語』（一一世紀後半か）にも「月日たしかに記しつつ日記して」とわざわざ記してある。それゆえ、「日記」という語には、元来、日次に記す含意はなかったと説かれてきたが、このころまで、「日記」は、まず官記であり、一般に知られていなかったので説明を付していると考えてよいのではないか。さらには、すでにふれたように『狭衣物語』では『伊勢物語』を『在五中将の日記』と呼んでいる。歌日記を漠然とひろげて「日記」と呼び習わしていたことが推測される。それと区別するための説明とも考えられよう。

遡れば、たとえば『万葉集』巻一七、巻頭は「天平二年庚午の冬一一月に大伴旅人が大納言に任ぜられて、京に上るとき、従者たちは別れて海路で上京することになった。そこで各自が詠んだうた」として一〇首並べ、あるいは、ややのち、「天平一八年正月に雪がたくさん降り、何寸も積もったので、橘諸兄が諸臣を引き連れて上皇の御所へ行き雪かきの奉仕をした。そこで元正上皇から仰せ言があり、位に応じて昇殿させ、早速、酒を下賜《かし》されて酒宴を催し、そして上皇は『皆、この雪を題にして歌をつくれ』と仰せられた」とあり、銘々のうたが並ぶという具合である。むろん、詞書は漢文。いずれも大意で、それぞれ日付が正確かどうかなどは、いま、問題にしない。

のち、一四〜一五世紀のものだが、伏見宮貞成親王の『看聞御記』は、自らの和歌・連歌の書き付けの裏、万里小路《までのこうじ》時房の『建内記』は、手紙や文書の裏に、関連する日録を記している。この類は、和歌の詞書のための手控え、また手紙の覚えとして広く行われていたと考えてよい。『うつほ物語』〈蔵開・中〉で、藤原仲忠が朱雀院にそれらを見せる条《くだり》では、俊蔭の遣唐使の日記は「真書《しがき》（真名文）に書けり」とある。遣唐使の「日記」が「真名文」であるのは当然だが、平安中期には、一般に、途中に片仮名で書き下しを交えた変体漢文でも「真名文」と呼んだ可能性はあろう。だが朱雀院が仲忠に一度読ませたのち、訓点を打たせて読ませており（読み下しさせている）、この「真名文」は、ほぼ正則の漢文と考えてよい。〈蔵開・上〉で、仲忠は朱雀院に、昨今の学問（漢学）の廃れぶりを嘆き、高麗からの使いのことなども持ち出している。むろん、応接にあたる者には、それなりの学問が必要だからである。「家の古集のやうなる物」を披瀝したのも、自身の学問の才を朱雀院にアピールするためだった。

僧侶の夢記

円仁『入唐求法巡礼行記』のなかに、金剛界曼荼羅を日本に持って帰り、亡き最澄が歓喜した夢を見た記事があると紹介したが、とくに僧侶の日記では、夢がよく語られる。最澄が夢のお告げで寺を建てたとか、空海が土佐の室戸岬で明星が口に飛びこむのを覚えたとかの話が伝として遺り、皇太后の見た夢のお告げなどとともに、『続日本後紀』『日本文徳天皇実録』などの史書にも記されている。鎌倉時代前期、華厳宗高山寺の僧・明恵は、仏典のなかから夢の記述を撰した『夢経抄』を遺しているが、伝には脚色が伴うのが常、高僧の権威を高める役割をはたすためのものも多く交じっているだろう。だが、よく知られる明恵の『夢之記』は、実際に見た夢の記録である。円仁の夢の記述も、月日を精確に記そうという意識とともにあった。

中国では、僧侶が夢見を記録することが古くから行われていた。南宋時代に編まれた『仏祖統記』は、天台宗の高僧についての紀伝体で、多くの逸話を載せる。夢に仏菩薩や聖人が現れ、本人と対話し、その夢に感応して仏道につく機縁になったと語るものも多い。実際に見た夢でも、覚めてから思い出すもので、記すときには、映像が詳しくなったり、ストーリーが組み立てられたり、さまざまな脚色がはたらく。逆に、本人にとって、その夢のお告げの意味が明確なら、なんのお告げか、記されるとは限らない。

中国でも日本でも、禅定（観想）のうちに、いわば入眠状態に入って視た幻覚も、「夢」の語を用いているという。円仁が五台山で向かいの峰の上空に「聖燈」を見たという記述は、夢と記していないのだが、それを今日、読む方が幻覚のように扱っている場合もある。ブロッケンの円光を五台山の僧たちは文殊菩薩の顕現と語り伝えていたにちがいないが、それは現象の解釈に信仰がはたらくゆえで、幻覚ではない。

日本を訪れた僧も夢を記している。伝戒師（僧に戒を授け、認可する資格をもつ高僧）として招かれた鑑真が、五度目の渡航を企てたとき、中国暦の天宝七年（七四八）一〇月一六日の早朝、日本から迎えに行った僧、栄叡《ようえい》と普照《ふしょう》に、次のように告げたと『唐大和上東征伝』にある。

昨夜夢見三官人。一著緋二著緑。於岸上拝別。知是国神相別也。疑是度必得渡海也。

（昨夜、三人の官人の夢を見た。一人は緋色、二人は緑の衣をつけ、岸から拝別した。これは中国の神との別れである。今度はきっと渡海をなしうるだろうか）

このときは六月に鑑真の故郷、揚州を出て、東シナ海海上の船山群島で数ヵ月、風待ちした上で出航したが、激しい暴風に遭い、一四日間の漂流の末、南方の海南島に漂着した。そこで一年ほど暮らし、揚州に引き揚げる途中、栄叡は病で亡くなり、鑑真は失明した。

その夢は正夢ではなかった。が、伝え遺された。鑑真が船山群島からの船出には邪魔が入らないという安心がはたらいて見た夢と解釈できる。それ以前、海上に船出して暴風雨に遭い、出航地に戻った二度目を除いて、四度の渡航の企ては、鑑真の渡日を惜しむ弟子たちが手をまわすなどして海港で阻止されていたからである。海港とことわるのは、いずれの場合も、揚州から船出し、クリーク伝いに、一旦は長江に出たにちがいないからである。

その朝の鑑真のことばは、栄叡か普照かのいずれかの手控えに記され、『唐大和尚東征伝』に残されたと推測される。その正夢でなかった夢を伝え遺したのは、そのとき、すでに中国の神との別れが告げられていたからこそ、六度目には成功したという含みがあろう。六度目には、大使を立てて日本から迎えに行った。が、またもや明州（寧波）で当局から止められた。だが、鑑真を内密に乗船させ、沖縄、屋久島を経て九州大宰府に到着したのだった。

「伝」に夢を遺す意識にややこだわったのは、実際に見た夢も目的にあわせて、選択され、編集されるということを示したかったゆえである。最近の研究は、円珍『行歴抄』には、夢見を乞い願う思いが記され、また、夢の記述には手控えがあり、そのうち、なんらかの霊験の徴のように認められる夢が選ばれ、転写されていると推察している。あるいは、このような手法が僧侶のあいだに伝えられ、鎌倉時代の藤原頼長の『台記』などに見られる「夢記の編集」に結びついたのかもしれない（本書第一章「公卿日記のなかの夢」で述べた）。

仮名日記の実際

『うつほ物語』に戻るが、俊蔭の遣唐使の日記は「真書（真名文）に書けり」とあるのに対して、清原王のものは「草に書けり」とある。「真名文」と対比しているので、「草」は草仮名（万葉仮名の草書体）の文と読める。このあたりの記述は、やや曖昧で、万葉仮名で記した和歌だけを指しているのかもしれない。が、そうでなければ、万葉仮名（男仮名とも）による日記ということになろう。

すでに紀貫之『土佐（左）日記』（承平五年、九三五）による仮名書きもあった。よく知られるように、本来、男性官人が漢文で記す日々の記録を、平仮名で書くために書き手を女に仮託したものである。が、貫之の作と見られる和歌も五七首入っている。それも含めて、記してある内容は、女であることを想わせるものではない。誰が読んでも設定だけの仮託とわかっただろう。この種の仮託は、漢詩では早くから行われている。『文華秀麗集』（弘仁九年、八一八）で巨勢識人《こせのしきひと》が嵯峨天皇の「長門怨」に和した詩を、一人寝をかこつ女の身になってつくっている。

『土佐日記』冒頭の、よく知られた「男もすなる日記といふものを女もしてみむとて」に、「女では、はじめてわたしが試みる」のような強い含意が読みとれるわけではない。「男が書くという日記を女のわたしもしてみる」くらいにとればよい。

実際、『土佐日記』以前に女手の仮名日記が書かれていた。専門家には知られている。室町時代初期、四辻善成《よつつじよしなり》による『源氏物語』の注釈書『河海抄』に、醍醐天皇の女御、藤原穏子《おんし》の「日記」が引用されている。穏子は関白、藤原基経《もとつね》の娘で、昌泰四年（九〇一）、醍醐天皇に入内して女御となったのち、平仮名で日記を記している。延長元年（九二三）に、歴史上、はじめての中宮位についた。醍醐天皇が亡くなり、息子の朱雀天皇が即位し、承平元年（九三一）に皇太后となってのちは、漢文の日記になる。

宇多天皇に次いで、その第一皇子だった醍醐天皇も自筆日記を記していたことは、第一章でふれた。天皇の寝所に侍す女御の日記は、実録の補に供するためのものだったかもしれない。穏子が漢文を読めたとしても、書けたとは考えにくい。宮廷行事の手控えを自分でつけたのは、平仮名書き、皇太后になったのちは、側仕えの者が漢文で記したか、穏子の仮名日記を史官が翻訳したのかもしれない。後者の場合、時期は特定できない。が、少なくとも仮名日記の方は、貫之が都に帰り、『土佐日記』を執筆する以前のものである。ただし、穏子が日記をつけていることが当時から官人たちに知られていたかどうかは、わからない。

また『土佐日記』以前に、節会や祭礼の日の記録、日付を付した詩合《しあわせ》、歌合の記録も残っている。たとえば、陽明文庫蔵『類聚歌合』巻一七の料紙に用いられた「和歌合抄目録」中、宇多天皇の譲位後、その御所で行われた「延喜一三年（九一三）三月一三日亭子院《ていじいん》歌合」の項の下には「有伊勢日記」（伊勢日記有り）と書き入れがある。伊勢が日記したものがあるという意味だろう。尊経閣文庫蔵『歌合』巻一の、その日の歌会の記録は、宇多天皇に寵愛された伊勢による平仮名の「日記」を写したものと見られている。

その「日記」には、歌合の配役（頭、方人、歌詠、員指、奉人、講師、伶人）や飾り付ける洲浜、文台・人びとの装束、調度、奏状、薫物、管弦、賜禄の様子が書きこまれている。古今の秀歌を選び出し、左右に分けて優劣を競う撰歌合の規範をつくったとされる。この場合の「日記」は、その日の記録という意味で用いられていよう。これは、当時から知られていただろうが、公式の記録に準じるもので、日次記ではない。
『土佐日記』冒頭にいう「男もすなる日記」は、明らかに日次記を指しており、このころ、「日記」には、その日の行事の記録の意味と日次記のふたつの意味が並立していたと考えてよい。「女もしてみむとて」は女房階層の私的な日次記を想定していることになる。

伊勢の日記から四七年後、天徳四年（九六〇）三月三〇日、清涼殿で行われた内裏歌合は史上最大規模のものと知られ、漢文で記された村上天皇の手になる御記、蔵人による殿上日記が遺っていることは、第一章（五三頁）でふれた。『法華経』八巻を一巻ずつ八回に分けて講義し、それを讃嘆する法華八講が終了した後の竟宴として行われたもので、男性官人だけによる詩合に対して、女官のためのものとされていた。

その日の記録は、ほかに歌合本文と仮名日記との四部がある。御記に「風騒の道」を興す企図が記されており、単に風雅を目指すのでなく、賑やかな歓楽を伴うことをよしとする行事であり、左右の二陣に分かれて和歌を競い合う人びとが装束にも意匠を凝らし、水辺をかたどる洲浜や調度などの贅を尽くした様子が知れる。それぞれの概容は同じだが、一〇巻本、二〇巻本、また類聚本と写本により異同が生じていることも知られる。

だが、歌合の仮名による日録を女官が記すとは限らない。のち、歌人、藤原隆房《たかふさ》が後白河法皇五〇歳の祝賀の儀の様子を記した『安元御賀日記《あんげんおんがのにっき》』もある。

日付をもつ仮名書き行事記録には、香道のものもある。かなりのちだが、文明一〇年（一四七八）一一月一六日、足利義政の東山第（邸）における「香合」の記録「六種薫物合」、翌一一年五月一二日に行われた「六番香合」記録がある。『五月雨日記』の題のもとに一冊にまとめられたものが遺されている。

『紫式部日記』

今日、『紫式部日記』と通称されている「作品」は、鎌倉中期には『紫式部日記絵巻』がつくられ、室町初期の『源氏物語』の注釈書『河海抄』には「紫記」「紫式部が日記」「紫日記」「紫式部仮名記」などさまざまな名称が登場しているが、みな「記」と付されている。記録一般を「記」と呼ぶ習慣がひろまっていたゆえと推測される。

日付をもち、切れ切れに記され、宮廷内の出来事について断片的な記事や感想、うたの手控えなどがメモ書き風に並ぶ。一条天皇の中宮、彰子に仕えていた紫式部が、その第一子、敦成親王（のち、後一条天皇）の誕生をめぐって、出産が迫った寛弘五年（一〇〇八）秋から同七年（一〇一〇）正月にかけての諸事の記録が主要な部分をなしている。『栄華物語』「あとがき」に、紫式部の「日記」から写したことが明記されているが、巻八〈はつはな〉に引かれたその文章は、行文の調子にあわせてアレンジされている。

藤原道長が史書の編纂を企図し、宮廷の記録を女房に手控えさせていたこと、その遺志が、まず女房日記から多くの記事を引く『栄華物語』に結実したことは、第一章で述べた。その「あとがき」は、よく知られた紫式部の名をあげて敬意を表し、『栄華物語』の形成過程をも示したのだろう。『紫式部日記』は指示を受けた書き付けと見てよい。

中宮彰子が道長の屋敷（土御門殿）で皇子を出産したのちの場面を引く。

十月十余日までと、御帳出でさせたまはず、西のそばなる御座《おまし》に、夜も昼もさぶらふ。殿の、夜中にも暁にも参りたまひつつ、御乳母《めのと》の懐《ふところ》をひきさがさせたまふに、うちとけて寝たるときなどは、何心もなくおぼほれておどろくもいとほしく見ゆ。心もとなき御ほどを、わが心をやりてささげうつくしみたまふも、ことわりにめでたし。ある時はわりなきわざしかけたてまつりたまへるを、御紐ひきときて、御几帳のうしろにてあぶらせたまふ。「あはれ、この宮の御しとに濡るるは、うれしきわざかな。この濡れたるあぶるこそ思ふやうなるここちすれ」と、よろこばせたまふ。

〔陰暦十月十日過ぎまでも〔中宮さまは〕お休みどころからお出にならなかった。〔私どもは〕西の側にある御座所に、夜も昼もお仕え申し上げる。道長殿が夜中も早朝にも〔若宮のところへ〕参上なさっては、乳母の懐を探しなさるので、〔乳母が〕安心して寝ているときなどは、何のことかわからず目を覚ますというのも、とても気の毒に思われる。〔まだ首もすわらず〕危なっかしい様子の〔若宮を道長殿が〕満足した様子で抱き上げて可愛がりなさるのも、もっともなことで素晴らしい。あるときは、〔若宮が〕とんでもないことをなさったことにも、いとおしいとお覚えのようだった。〔殿は服の〕紐を解いて、御几帳の後ろで、火でおあぶりなさる。「ああ、この若宮のお尿《しと》に濡れるなんて、嬉しいことだなあ。この濡れた服をあぶることこそ、思いどおりのことという気分になることよ」とお喜びになった）

道長が乳母の懐を探ることなど何ほどのことども思わず、若宮の世話を焼き、半ばあきらめかけていた孫の誕生を喜ぶ様子をよく伝えている。これを微笑ましいと感じるか、道長の権勢欲の表れと読むかは、読者の自由である。

宮中のときどきの雰囲気を記す筆には、情調もにじむが、このように出来事をそれとして記すところは、文体も記録を旨とし、観察は細かい。地の文に掛詞や縁語など和歌の修辞技法、うたを踏まえた表現を多用する『源氏物語』のそれとは性格を異にする。『紫式部日記』には、道長と交わした会話も出てくる。

宮の御てでにてまろわろからず、まろがむすめにて宮わろくおはしまさず。母も幸《さいはひ》ありと思ひて、笑ひたまふめり。よい男《をとこ》はもたりかしと思ひたんめり

（中宮の父親として私は不足ではない。私の娘として中宮もおとっていらっしゃらない。中宮の母も幸せに感じて笑っていなさるようだ。よい夫を持ったものと思っておいでだろう）

敬語の使い方が今日のわれわれにはかなりややこしく感じられるが、宮は中宮彰子のこと。道長は中宮の父親なので、自分にも「御」がつく。「まろ」は貴人の一人称。「母」は、中宮の母親で道長の正妻、(源)倫子。自分の妻だが、中宮の母だから、敬語を使っている。道長が、将来、自分が天皇の祖父になることに道がひらけた喜びを、酔いにまかせて、あまりに手放しに語ったので、書きとどめておいたと推測されている。

いわれてきたように、紫式部は身分がそれほど高くない受領の家の出で、身分の高い者たちの挙動を、距離をおいて見ている。耳にして、すぐあとで、道長の口から出たことばのままに似せて、だが、かいつまんで書いたものだろう。日常会話を、まして酔いにまかせたことばをそのまま筆記したら、意味不明なものになりがちなのは、いつの世でも、どんな言語でも変わりない。『紫式部日記』の地の文には、敬語補助動詞「侍り」が多く出てくる。手控えゆえ、かなり話し言葉に近づいていると考えられる。それにしても、手控えは一般に、第三者によくわかるように書く必要はなく、省略が多く、場面に依存した書き方になる。状況を知らない者には、注なしでは理解できないところが多い。書簡の場合も、当事者のあいだで承知していることは省略され、作法の枠内で、直接、相手に語りかけることばに近くなる。

『紫式部日記』には、親しい友人に宛てた書簡の体裁で、清少納言、和泉式部らの人柄を率直に評し、また『源氏物語』の作者である自分についての風評にもふれた、内容・体裁ともに異質な部分が挟まれている。たとえ、その消息文が他者の目にふれるように意図的に挟んだもの、あるいは実際の手紙の下書きなどではなく、そのような体裁をとっているだけ、ということが証明しえたとしても、そこに紫式部がつくり話を書いているわけではない。その書簡を別にしても、『紫式部日記』は、場面、場面の書き方が異なる断片を時間の経過に従って並べるだけの書き付けであり、そこに、言語によってつくられる時空をひとつに構成する意図は見えない。

光源氏の「絵日記」

『紫式部日記』について述べたついでに、『源氏物語』〈絵《え》合《あわせ》〉に登場する光源氏の手になる「御日記」にふれておこう。平安時代に「御日記」の語は、天皇や親王に限って用いられていた。光源氏の身分は臣籍降下した公卿だが、物語上の扱いは別格なので、そのように呼ばれているのだろう。「絵合」は、絵を天皇の閲覧に供し、競いあわせる宮廷行事で、光源氏の絵の才能にみなが圧倒される場面を書いている。

光源氏は、須磨、明石に流され、不遇をかこっていた日々に無聊を慰めるために描いた「絵」に彩色させ、それぞれ二巻の巻子に仕立てて準備し、その絵合には、そのうち、須磨の巻を提出した。当時の貴族の描くのは墨絵で、彩色し、巻子に仕立てるのは職人の仕事である。それが、ここでは「御日記」と呼ばれている。

草《さう》の手に仮名の所々に書きまぜて、まほのくはしき日記《にき》にはあらず。あはれなる歌なども
まじれる

とある。万葉仮名に平仮名も交ぜて、正式の漢文で日々の出来事を詳しく記す日記ではなく、うたも交じるという意味である。

これを今日、研究者は「絵日記」と呼び習わしている。が、われわれがふつうにいう絵と文章を上下にあわせて構成する「絵日記」とはちがい、絵と詩と書を一体のものとする中国の伝統的な作法によるもの。画の余白や巻物の最後に画題に寄せた詩文を書き入れるのを真似て、日本流に和歌や仮名文を書き入れたものである。一帖、一帖は「絵」と呼んでおり、それぞれに日付を記すのが流儀だが、「日記」と呼んだのは、折々につくった「絵」を期日の順に、であろうか、並べたものという意味にもとれよう。

なお、この〈絵合〉の巻には『竹取物語』『うつほ物語』『伊勢物語』などの物語絵が供せられているが、それらの当時の形態は、今日、不明。中国伝来の、またそれを模した「唐絵《からえ》」に対する「やまと絵」の語の初出は、藤原行成の日記『権記』長保元年（九九九）一〇月三〇日条に「倭絵《やまとえ》四尺屏風」とあり、能書として知られた行成自身が文字を書き入れたものである。画法は中国流だが、日本に画題を求めるもの一般を「やまと絵」と呼んだ。その意味では、光源氏の絵も「やまと絵」である。光源氏の「絵日記」は、画はもちろん、書き入れた文言の内

容も書もそろって優れていたので、他を圧倒したのである。

また、そのときどきの詩文入りの「絵」を冊子や巻子に仕立てることは、画題と方法は時代によって変化しても、とりわけ江戸時代には盛んになる。それを「絵日記」と名づけた例は、管見の限り、明治初期、川鍋暁斎による『暁斎絵日記』が嚆矢ではないか。

さて、『源氏物語』〈明石〉には、光源氏が紫の上に宛てて、

> 絵をさまざま書き集めて、思ふことどもを書きつけ、返りこと聞くべきさまにしなしたまへり

とある。それぞれの絵に思いを書き付け、返事、とくに返歌を待つ構えをいったものだろう。それに対して、紫の上も、

> 同じやうに絵を書き集めたまひつつ、やがてわが御ありさま、日記《にき》のやうに書きたまへり

とある。この「日記のやうに」の含意が判然としない。「わが御ありさま」が、自分の暮らしぶり全般をいうのであれば、「日記のやうに」は、なくてよい語句である。その日その日の様子を日付して、という意味だろうか。平仮名書きにちがいない。

逆に、この「日記のやうに」からは、「思ふことども」であれ、「やがてわが御ありさま」であれ、そのときどきの出来事や心境を書き付けたものを、様態や文体を問わず、皆「日記」と呼んでいた気配が漂う。

紫の上は、光源氏の正妻格とはいえ、公認されていたわけでもなく、その日記は、ここに示された内容からも、私的なものといえそうだ。が、随時の私的な書き付けを「日記」と呼ぶ用法が『源氏物語』以前の貴族社会に定着していたかどうか、いま、判断できない。

『土佐日記』

『土佐日記』は、延長八年（九三〇）から承平四年（九三四）にかけて土佐国に国司として赴任していた紀貫之が、任期を終えて京の都に帰る旅程にそって書かれている。公務の報告書である漢文の日記のための手控えをもとに再編したものだろうか。土佐で亡くした愛娘を思う心情と旅程の遅れによる帰京をはやる思いが仮名文を促したという説にもうなずかれる。

だが、経験的事実を積み重ねるだけの円仁『入唐求法巡礼行記』にも、ひとつの思いは貫かれている。うたとその詞書による短篇のフィクションをひとりの男の旅程にそってつないでゆく歌物語も、すでにあった。紀貫之は、旅日記の現場の見聞と歌物語とをあわせ、かつ、うたとうたとを響かせ、ひとりの語り手の心情の起伏をストーリーに編むことを工夫している。

　都へと思ふをものの悲しきは　帰らぬ人のあればなりけり
　忘れ貝拾ひしもせじ白玉を　恋ふるをだにも形見と思はん
　無かりしもありつゝ帰る人の子を　ありしも無くて来るが悲しさ

生《む》まれしも帰らぬものをわが宿に　小松のあるを見るが悲しさ

土佐で亡くした幼子を思う心が繰り返し甦る。この工夫は、一場一場の短篇を数珠つなぎにするだけの歌物語に、実感による構成を与えることになる。

なお、三番目のうた、「無かりしもありつゝ帰る」（土佐に行くときは無かった子を連れて帰る）と「ありしも無くて来る」（連れて行った子を亡くして帰る）は、ことばの機知による対照である。漢詩文の対偶（対句）は同意や類似性による繰り返しが基本だが、ここでは、対照に用いられている。漢詩の技法でいえば、「比興」、対比を用いて、興趣を引き起こすもの。

貫之らが編んだ勅撰和歌集『古今和歌集』が余情と機知とを特色としていること、真名、仮名両序が『毛詩』〈大序〉や中国、南北朝時代、梁の鍾嶸《しょうえい》による詩論書、『詩品』及び劉勰《りゅうきょう》の詩文論『文心雕龍』に依拠し、かつ対偶表現を駆使していることも、つとに指摘されてきた。

「船とくこげ。日のよきに。」ともよほせば、楫取り、船子どもにいはく、「御船よりおふせたぶなり。朝北の出で来ぬさきに、綱手はや引け。」といふ。このことばの歌のやうなるは、楫取りのおのづからのことばなり。楫取りはうつたへに、われ歌のやうなることいふとにもあらず。聞く人の、「あやしく歌めきてもいひつるかな。」とて、書き出だせれば、げに三十文字あまりなりけり。

（「船を早く漕げ。天気がいいのだから」と促すと、船頭が（岸で綱手を引っ張る）水夫どもにいうには、「御船〔のお方〕からお指図だ。　朝の北風の来ぬうちに、引き綱を早く引け」という。このことばが歌みたいになっていることについて、船頭がいうには、自分では歌のようにいうつもりだったわけではない。聞く人の方が「妙に歌のようにいったと感じたのでしょう」とのこと。〔実際、〕書き出してみたら、なるほど三十一文字だった〕

これも『古今和歌集』の両序が中国詩論を踏まえていう、うたの自然発生性を実際の見聞を材料にして述べたところであろう。うたの自然発生性の理念については、これまでに再三述べてきたので、ここでは繰り返さない。

『かげろふ日記』『更級日記』

今日、「平安女流日記文学」の先駆けとされる藤原道綱母《みちつなのはは》の『かげろふ日記』〔蜻蛉日記、九七五ころ成立と推定〕には、ほかの女のもとに通って、つれなくする夫との結婚生活に生じる不満や苦悩などが二一年間にわたって書かれている。月ごとの記述が多く、上巻の終わりに、

　猶《なほ》ものはかなきをおもへば、あるかなきかの心《ここ》ちする、かげろふのにき〔日記〕といふべし。

とあるので、『かげろふ日記』と呼ばれてきた。ここまでは、一挙に回想して書かれたらしい。そののちも断続的に回想をまとめて記されたと推定されている。

安和二年（九六九）の条には、西の宮の左大臣について述べたのち、

身の上をのみする日き〔記〕には、いるまじきことなれども

とある。自分の「身の上をのみする」のは「日記」の類には入らないことだが、という意味である。玉井幸助『日記文学概論』（一九四四）が指摘しているとおり、『かげろふ日記』の「日記」は、当時においては極めて特殊な使い方だった。そもそも女房が私事について、散文の文章を書くということ自体がなかったのである。裏を返せば、私記一般を意味する「日記」の用法は、少なくとも女房階層には浸透していなかったことになる。では、なぜ、そのようなものが思いたたれたのか。『かげろふ日記』は、次のようにはじまる。

かくありしときすぎて、世中《よのなか》にいとものはかなく、とにもかくにもつかで、よにふる人ありけり。

（このようにしてあった時が過ぎて、世の中にたいそうはかなく、どっちつかずのまま、齢を重ねる人がありました）

これは、中古物語の定型どおりのはじまり方である。世にもてはやされるつくり物語には登場しない、つまらない女のはかない半生をつづれば、きっと珍しがられることでしょう、と皮肉まじりに、はじめから人に読ませるものを書こうとする意図、つくり物語に対抗する意識もはっきり記されている。自分は容貌も劣り、思慮にも欠けるのだから、このように役立たずで

きたのも道理かもしれないと謙遜しながら、翻って、「天下《あめのした》の人のしなたかきやと、とわんためしにもせよかし」（そんなにみんながみんな人品卑しからぬ人ばかりではないでしょうに）という。そのなかに、明け方までのあいだ、待つ身のつらさを夫に訴えるうたは、「百人一首」にとられ、よく知られる。

歎きつゝひとりぬる夜のあくるまは　いかにひさしきものとかは知る

夫とのうたのやりとりも多く、全部で二六一首が挟まれている。これも中古物語の様式である。つまりは、こんな女もいますよ、とみじめな自分の半生の打ち明け話をつくり物語の形式で、人に読ませるためにつづったものであり、うたとその詞書を書きとめた歌日記を物語化したといってよい。そして『かげろふ日記』の後半は、石山寺詣《もうで》など旅日記にもなる。紀行文とも橋をかけていることになる。

その藤原道綱母が自分の母親の異母姉（ないし、その娘）にあたる菅原孝標女《すがわらのたかすえのむすめ》が書いた『更級日記』（一〇五九ころ成立と推定）は、『かげろふ日記』と類縁性が強い。全篇が回想記で、『かげろふ日記』の刺戟を受け、まとめて書かれたと考えられている。

東国、上総《かずさ》の国府に任官していた父、菅原孝標の任期が終了したので、寛仁四年（一〇二〇）九月に、京の都に帰るところからはじまる。武蔵国では伝説を拾い、足柄山では遊女のうたに聞きほれ、うたを挟んで、旅程にしたがって述べてゆく。日付がはっきり記されているのは、手控えによるものだろう。その上洛の旅の印象が強く残るので、長く紀行に数えられていた。

京の暮らしも落ち着いたころ、京都に暮らしている伯母を訪ねたところ、『源氏物語』五〇巻など物語の数々をもらいうけた。

はしる〳〵、わづかに見つゝ、心も得《え》ず心もとなく思（ふ）源氏を、一の巻よりして、人もまじらず、木ちやう〔几帳〕の内にうち臥《ふ》してひき出《い》でつゝ見る心地、后《きさき》のくらひ〔ゐ〕も何《なに》にかはせむ。昼は日《ひ》ぐらし、夜《よる》は目《め》のさめたるかぎり、火を近《ちか》くともして、これを見るよりほかの事なければ、を〔お〕のづからなどは、空におぼえ浮《ひ》かぶを、いみじきことに思（ふ）に、夢にいと清《きよ》げなる僧《そう》の、黄《き》なる地の袈裟《けさ》着《き》たるが来て、「法華経五巻《ほけきやうごのまき》をとくならへ」といふと見れど、人にも語《かた》らず、ならはむとも思（ひ）かけず。物語《がたり》の事をのみ心にしめて、われはこのごろわろきぞかし、盛《さか》りにならば、容貌《かたち》もかぎりなくよく、髪《かみ》もいみじく長《なが》くなりなむ。光《ひか》るの源氏の夕顔《ゆふがほ》、宇治の大将の浮舟《うき》の女君《めぎみ》のやうにこそあらめと思（ひ）ける心、まづいとはかなくあさまし。

（飛ばし飛ばし、走り読みし、いままで思いどおりに読むことができず、もどかしく思っていた『源氏物語』を、一の巻からはじめて、人に邪魔されず、几帳の内に臥して引き出して見る心地は、后の位など何ごとにも思えないほどだ。昼は一日中、夜は目が覚めている限り、灯を近くにともして、これを見るよりほかのことをしないでいると、自ら覚えていた言葉が浮かんでくるのを、素晴らしいことと思っていると、夢に、たいそう清らかな僧で、黄色い袈裟を着たのが来て、「法華経の五の巻をすぐに習え」というと見たけれど、人にもいわず、法華経を習おうとは思いもかけず、ただ物語のことだけで心をいっぱいにして、私はいまは器量が悪いけれど、年頃ともなれば、容貌もどこまでも素敵になり、髪もたいそう長くなるでしょう。光源氏の夕顔や、宇治の大将薫の君の恋人の浮舟の女君のようになるでしょうと思っていた心は、なんともたいそうたわいなく、あきれ果てたものだった）

娘のころに物語に夢中で、夢の教えなど聞こうともしなかったのを、なんとまあ、あさましかったことだと、晩年の仏道に専心する境地から振り返っている。なお、「はしるはしる見る」は、黙読で飛ばし読みすること。声を出して「読む」こととは区別されていた。

だが、というべきだろう。『更級日記』は、長く、若い女性たちを物語の世界に誘いつづけることになった。

『和泉式部日記』

『和泉式部日記』（一〇〇九年前後に執筆か）は、主人公を「女」と呼び、冷泉天皇の第四皇子で、三条天皇の同母弟、敦道親王と和泉式部の恋愛の経緯にそって、身分ちがいの「宮」との新たな仲にためらいつつも恋が深まりゆく九ヵ月ほどの経緯が、贈答歌とその詞書により歌物語のように展開する。日時はそれほど明確にせず、むしろうたの背景になる季節の情趣を醸しだすことに心を砕いている。

ある年の四月過ぎ、「宮」の来訪によって幕を開ける。八月、ともに石山詣に出かけたのち、しばらく逢瀬が途絶えていた九月下旬の暁、「宮」がお供の童を連れて「女」の門を叩いた。その音に「女」は目を覚まし、侍女を起こすが、侍女が寝惚けているうちに訪れた人は去ってしまった。「女」は、有明の月の情趣を味わい楽しむ人の仕業か、誰だろう、と思いながら、その空の様子など「手習ひのやうに」書いていた。すると「宮」からうたが届き、訪れたのが「宮」だとわかる。

「宮」が情人を次から次へと手に入れるただの「好き者」ではなく、風趣を楽しむ人、心の通じあう人だと感じ、その「手習ひ」のような文を宮に送った。それによって、ふたりのあいだの絆が一段と強くなるという運びである。

この「手習ひ」のような文章が、多くの和歌を下敷きにした見事な修辞の和文である。紙幅の都合で引けないのが残念だが、『源氏物語』に勝るとも劣らない。

それはともかく、読む者は、門を叩いたのが「宮」であることを知っているが、「女」は、「宮」からうたが届くまでのあいだ、門を叩いたのが「宮」とは気づかなかった。物語の語り手は、「女」と「宮」との双方の心の内を、また「女」が直接かかわらない乳母と「宮」とのやりとりも語る。『かげろふ日記』や『更級日記』の語り手は、作者その人だが、それとはちがう。それゆえ、長く『和泉式部物語』とも呼ばれ、作者を藤原俊成とする説まで出ていた。だが、今日では、和泉式部本人の記したものとする説が強い。何よりも、「宮」との関係にためらいつつ、恋を貫こうとする心の揺れが、「女」本人しか知りえないような機微にふれて語られる。「女」が直接かかわらない事実も、語り手が説く「宮」の心理なども、のちにそれを知った「女」の解釈を組み入れていると考えてよい。では、なぜ、物語の語り口がとられたのか。逆にそれが、問われる。

　和泉式部は、和泉守、橘貞道《たちばなさだみち》を夫にもちながら、冷泉天皇の第三皇子、弾正宮為尊《ためたか》親王と親しい仲になった。その身分ちがいの恋は、親から勘当を受けたという。他の男たちとも恋を重ね、為尊親王の病歿後に、今度はその実弟、敦道親王と親しくなったのである。そこから『和泉式部日記』ははじまる。ふたりのあいだには亡き為尊の影も忍び入ることもあったことが、この『日記』にも陰影を添えている。そして和泉式部は、敦道親王の女房（召人と呼ばれる情人）として「宮邸」に迎え入れられ、「宮」の北の方が身を引くに至る。

　この恋の成り行きに、口さがない宮廷社会は、いっそう騒がしかったことだろう。『紫式部日記』の消息文にも、和泉式部の「恋文や和歌は素晴らしいが、素行には感心できない」という意味のことが記されている。

『和泉式部日記』が語る「女」と「宮」との恋がいくつもの障壁を越えて深まりゆく経緯には、「女」と他の男との関係を疑う「宮」に対して、恋情の一途さ、真摯さを訴えるうたの力が強くはたらいている。和泉式部は、その心を宮廷社会に対しても訴えた、と考えてみてもよいのではないか。そのためには、主情的な語りよりも、むしろ客観的な物語の語り口を必要とし、また、物語として残そうとしたのではないか。

それは敦道親王を病で失ったのち、挽歌を詠むことに心を振り向け、自身の恋の経緯を辿り直そうとしたことと深く結びついていよう。「夢よりもはかなき世の中」、つまりは男女の仲を、しかも、悩み多い恋の「冥《くら》き道」の過ぎゆきを、それとして見つめ直そうとしたからにほかならない。和泉式部が中宮、藤原彰子に女房として出仕するようになったのは、寛弘年間の末(一〇一〇年前後)、道長の招きによるものとされる。あるいは道長は、『和泉式部日記』を目にしていたかもしれない。

和泉式部は、恋に生き、うたを詠むことと仏の道とを一途に結びつけることをなしえたひとであった。

冥きより冥き道にぞ入りぬべき　はるかに照らせ山の端の月

その後の女手「日記」

平安後期、『讃岐典侍日記《さぬきのすけ》』（天仁二年、一一〇二ころ成立か）は、堀川天皇に仕えた藤原長子《ながこ》が、天皇を最期まで看病した日々の出来事を、その上巻に記し、下巻には、その歿後、今度は幼い鳥羽天皇に仕え、養育にあたる日々をつづる。その記事には、堀河天皇の追憶が交錯する。うたは一〇首。

鎌倉時代に入って『弁内侍《べんのないし》日記』（一二五八年ころか）は、藤原信実《のぶざね》の娘が、後深草天皇に幼少のときから弁内侍として仕えた六年ほどのあいだ、宮廷儀礼や出来事の記録とうたの控えなどをつづったもの。『中務内侍《なかつかさのないし》日記』（一二九二以降）は、伏見天皇に東宮時代から中務内侍として一三年にわたって仕えた中務大輔《たいふ》、藤原永経の娘、経子《けいし》（のち五辻姓）が、病を得て実家に下がってからまとめた回想記。長歌二首、連句四句を含む和歌一五四首をとどめ、宮廷行事、有職故実の記録にも詳しい。宮廷生活の記録を書き遺すという意図が全篇に浸透している。

鎌倉時代の藤原為家の側室・阿仏尼による『十六夜《いざよい》日記』一巻は、前半は鎌倉への道中日記、後半は、所領紛争の訴訟のための鎌倉滞在記で、弘安六年（一二八三）ころの成立か、とされる。『伊勢物語』を踏まえ、風物描写に富み、名所旧跡を訪れる感慨が記され、うたが多数挟み込まれているにもかかわらず、「日記文学」としてとりあげられるより、紀行文日記などと呼ばれ、紀行文として扱われてきた。六〇歳近くの旅で、恋情が吐露されることがないためか。いや、それなら、阿仏尼には、青年貴族に失恋し、山寺にこもったのち、転々として遠江まで下り、京へ帰るまでを書いた『うたたね』もある。自らを物語の登場人物に擬すような心も記されており、一八、九歳ころの作とされる。

今日では、もうひとつ、後深草院二条の『とはずがたり』（鎌倉時代、一三一三年ころまでにつくられたと推定）が知られている。鎌倉後期から江戸前期にかけて、写本はつくられていたものの、あまり人目にふれることがなかったらしい。昭和一五年（一九四〇）に宮内省書陵部所蔵の桂宮家蔵書のなかに江戸前期の写本が発見、紹介され、第二次世界大戦後に広く知られるようになり、性愛観が開放的になるにつれて評価が高まった。美貌の女房、二条が後深草院に仕えた一四歳（一二七一）から四九歳（一三〇六）ころまでの恵まれた宮中生活と奔放ともいうべき恋愛遍歴の体験談である。尼になってからは、西行にならい、熱田神宮、鎌倉八幡宮、善光寺、浅草寺また伊勢参りなど全国各地をめぐる旅の見聞記になる。

『古今和歌集』から二二首、『源氏物語』から二一首、『新古今和歌集』から二八首が引かれ、そのこと自体、引きうたの多い『源氏物語』にならっているが、『伊勢物語』『源氏物語』『狭衣物語』などの場面を踏まえた記述があふれていることも特徴と論じられている。

実体験を語りながら、まるで和歌や物語の世界を生きているかのような二重写しの世界がつくられている。鎌倉時代の和歌の「幽玄体」、とりわけ藤原定家のそれによく似ている。

日記形式の回想記は、南北朝時代にもある。元弘三年（一三三三）、大覚寺統の後醍醐天皇が隠岐を脱出して挙兵し、南北朝の争乱がはじまったとき、北条幕府が担いだ光厳天皇の典侍をつとめる日野名子《なかこ》は、天皇および後伏見院、花園院とともに、六波羅第にいた。清水《きよみず》あたりの家に引きこもったのちは、持明院一統、とりわけ天皇の側近、西園寺公宗《さんむね》の身を案じるばかり。

> 東国の夷ども近づくと聞こゆれば、皆人色を直すほどに、梓弓のよそに引き違へぬるあやなさは、あさましともいみじとも言はん方なし。五月五日、世の中今はかくと聞こえしかば、何のあやめもわかれずかきくれたるに、人の許より白薄様にて、
>
> 　沼水に生ふる菖蒲の長き根も　君が契りのためしにぞ引く
>
> （東国の田舎侍ども〔足利高氏ら、鎌倉からの援軍のこと〕が近づいていると聞き、みなほっとするうち、〔聞こえてきた〕梓弓の矢先をほかへ向けるような裏切りは、あきれたともひどいともいいようがない。五月五日、世の動きは、今はこのようなものと聞こえてくるので、何のあやめ〔ものの道理〕もわからなくなったまま涙にくれていると、夫のもとから、白い薄紙に、
>
> 　沼水に生えた菖蒲の長い根も　あなたとの愛のために引き抜きましょう
>
> とあった）（うたは四首。のこりの三首は省略）

足利高氏の軍勢が後醍醐天皇側に寝返ったことをなじる声に、道理もなにもないのがいまの世だという声が交じる。五月五日と特定したのは、アヤメの掛詞を引き出すための修辞にも思

える。沼水に生えた菖蒲の長い根は、手ごわい南朝方をたとえたもの。

天下の争乱に見舞われているというのに、公宗は愛をうたに託してよこし、名子はそれを、掛詞を用いる和文体で語っている。

天皇の元服の儀からはじまる名子の回想記『竹むきが記』上巻は、宮廷人の優雅を離れることはない。このとき公宗のよこしたうたにより、ふたりが結ばれるまでを語る。

公宗と名子の兄は、持明院一統の再興を謀ったとして南朝方に斬首されたのち、下巻は、竹《たけ》向殿《むきどの》と呼ばれた日野名子が西園寺家の再興を愛児、実俊の養育にかけ、中納言につかせるまでを回想する。目的を達成した後に忍び寄る孤独感から、彼女は仏門に入ることを心に決めていた。正平四＝貞和五年（一三四九）の作。

それを最後に、仮名文字による「女流日記文学」の流れは途絶える。江戸中期に仮名文に活躍した荒木田麗女《あらきだれいじょ》も、『増鏡』の続篇を企てる『池の藻屑』一四巻（明和八年、一七七一）などの歴史叙述、つくり物語『桐の葉』（同前）、伝奇『幽仙窟』の翻案『藤の岩屋』（安永六年、一七七七）などに交じって、紀行文『初午《はつうま》の日記』（同前）を遺しているが、生涯の回想記はない。江戸時代の女性の旅日記は、第四章で紹介する。

「日記文学」は虚構のジャンル

平安王朝期の「日記」は、官記、私記、男女を問わず、その日の行事記録、及び日次記を指す用法が一般化していた。私的な回想記にも、日付をもつもの、ある特定の期間のものを指していう用法も次第に定着していった。

今日、「日記文学」と呼ばれている作品は、『紫式部日記』を除いて、みな、うたとその詞書による歌日記のヴァリエーションとして扱うことができる。『土佐日記』は、歌日記をひとつのモチーフによる旅日記に構成し、『かげろふ日記』『更級日記』は、つくり物語のかたちを借りて自伝的回想記を展開した。『和泉式部日記』は、「女」と「宮」との贈答歌を核とする歌物語を編んでいた。それぞれが歌日記と別の様式とに橋をかける中間形態をつくりだしている。『弁内侍日記』は、歌日記と儀礼の記録との中間形態といえよう。

そのほとんどは、回想の時点の意識によって組み立てられているが、『紫式部日記』の全体は回想記としてまとめられたものではない。日付をもつ書き付けが主体で、そこに宮中の雰囲気を伝え、うたが挟まれることはあっても、うたを核とする歌日記の様式でもない。

つまりは、女房の手になる日記を形態上、ひとつに括ることはできない。そして、男性官人も平仮名交じりによる記録のほか、歌日記、歌物語、つくり物語のいずれかの中間形態をとり、それなりの構成意識による「作品」をつくっている。書き手の性は、記述スタイルによる分類と直接結びつかない。日本の宮廷文化には、公的記録を男性官人が漢文で行う習慣と、男女ともに宮廷人が和歌を平仮名で書くという習慣とが併存していたゆえである。平安朝に女房文化が盛んだった特色を、記述のスタイルやジャンルと結びつけることに無理がある。

そもそも「文学」の語は、江戸時代には藩校の儒学の先生を指して用いられ、明治期になるまで儒学系漢文、及び漢詩を意味していた。その規範は強く、和歌も物語も「文学」と呼ばれたことはなかったし、いかなる意味でも近代的「文学」に相当する概念はなかった。前近代の作品を「文学」として扱うには、それなりの指標が必須になる。

「日記文学」の場合、一九二〇年代から今日まで、明確な指標が立てられずに、符丁のようにして各自が勝手に用いてきたにすぎない。試しに、『新潮日本文学辞典』(もと『小辞典』一九八八、増補版一九九八)の久松潜一執筆になる「日記文学」の項を覗いてみればよい。指標のあげ方次第で、その範囲がいかようにも揺れ動くことがよくわかる。長いあいだ、「日記文学」をさまざまに論じてきた人が、晩年、総括的立場から執筆したためだろう(第六章を参照)。その意味で「日記文学」は、後世につくられた虚構のジャンル名なのである。第二次世界大戦後にも、「日記文学」なるものを頑として認めようとしなかった慧眼の国文学者がいたといわれる。要は、あとからつくられた概念にとらわれず、多様なスタイルを読み比べ、個々の作品の魅力を味わうことにあろう。

第三章　中世紀行文の成立と展開

紀行文の成立

鎌倉幕府の成立によって京都と鎌倉のあいだを行き来する人が増える。人により素養により、記録本位のもの、思想を開陳するもの、詩や和歌を書きとどめるものなど、さまざまな形態が選ばれ、文体もまちまちだが、旅の見聞記がそれとして独立し、「紀行」ないし「道記」「道の記」などの名で、ひとつのジャンルを示す語として定着してゆく。

いわゆる中世の紀行文には、歌枕や名所旧跡を訪ね、和歌の伝統に連なろうとする態度を示すものが多い。富士山はいうにおよばず、宇津の山は『伊勢物語』に「物心ぼそく」なる心地が述べられたのち、「修行者あひたり」と記されて以来、『海道記』では実際に修行者と出会い、『東関紀行』も業平が修行者に出会った一節を踏まえ、『十六夜日記』は、山伏に出会ったことを、まるで業平の昔の再現のように歓んでいる。

だが、中世紀行文は、名所旧跡を外れたところでは、庶民の生活の営みや生物の営みにふれ、いわば風俗や自然を即物的に観察する態度も垣間見える。観察といっても、近代のそれとはちがい、それぞれに中世的な宗教観と結ぼれている。その結ぼれ方の歴史性に分け入ることこそ、文化史の勘所だろう。いや、実は、近現代の自然科学的な観察も必ずしも宗教的観念を離れてはいなかったのだが、それは第六章にまわすことにしよう。

散文による見聞の書き方の変化について考えるとき、鴨長明『方丈記』（建暦二年、一二一二）がはたした役割を逸することはできない。『方丈記』は、今日、随筆という分類のうちに組みこまれてしまっているが、江戸後期、大坂の儒者で国学も学び、和漢の書によく通じた尾崎雅《まさ》嘉《よし》の『群書一覧』六巻（享和二年、一八〇二）中〈和書部三〉「日記類」に、その注釈書とともにあげられている（第四章後述）。また、日本で最初の「日本文学史」を標榜する三上参次、高津鍬三郎合著『日本文学史』上下巻（金港堂、明治二三年、一八九〇）は、『方丈記』を「日記にして随筆」と呼んでいる。その「随筆」の中身は、風俗習慣やその変化を批評する西欧近代の文芸「エッセイ」を受けたもので、都を襲う厄災と逃げ惑う人びとの有様、風俗の変化に義憤のようなものをこめた眼ざしを投げる長明の筆にそれを感じとってのことである。

中世には、公家、武家や商人たちのあいだの垣根が低くなり、戦乱に明け暮れるようになると、京都が戦火に見舞われたことで多くの知識人が地方の守護大名のもとへ身を寄せた。能楽、茶道、華道、庭園、建築など、禅林の生活文化の影の濃い足利義政の北山、義満の東山を中心にした文化が地方に波及し、次第に庶民にも浸透してゆく。このような日本全域に及ぶ文化総体の大変革期に、連歌の趣味が大名らにもひろがり、彼らに和歌などの教養を運んだのは、地下（民間）の連歌師たちだった。

室町時代の連歌師の代表格、宗祇《そうぎ》の『白河紀行』（一四六八）、『筑紫道記《つくしのみちのき》』（一四八〇）もよく知られる。旅に生きた宗祇の精神は、江戸は元禄期の芭蕉に受け継がれた。先まわりすることになるが、旅に暮らした芭蕉の俳諧の世界も覗いておくことにする。

『方丈記』のこと

上賀茂《かみがも》社とともに都の守り神として崇拝を受けてきた下鴨神社の神職の次男に生まれた鴨長明は、神職につく道は若くして閉ざされていたが、都が度重なる天変地異や飢饉に襲われ、また遷都に伴う人心の荒廃にも敏感だった。『方丈記』は、治承四年（一一八〇）、平清盛が福原遷都をはかったことにより引き起こされた風俗の変化を鋭く看取し、為政者への鋭い批判を放っている。

また、治承四年水無月《みなづき》のころ、にはかに都遷《うつ》り侍りき。いと、思ひの外《ほか》なりし事なり。おほかた、この京のはじめを聞ける事は、嵯峨《さが》の天皇の御時《おんとき》、都と定まりにけるより後、すでに四百余歳を経たり。ことなるゆゑなくて、たやすく改まるべくもあらねば、これを、世の人安からず憂へあへる、実《まこと》にことわりにもすぎたり。

（また、治承四年六月のころ、突然、遷都が行われた。まことに思いがけないことであった。そもそも、この平安京のはじめについて聞いていることは、嵯峨天皇の御代に都と定まって以来、すで四百年余りも経っている。よほどの理由がなくては、簡単に改められるはずもなく、これを

世の人々が不安になり、心配しあったのは、まったく当然の上にも当然だった）

京都の創始を第五二代嵯峨天皇によるとするのは、第五一代平城天皇が譲位後、復位を企て、奈良へ都を返そうとした薬子《くすこ》の変（弘仁元年、八一〇）を念頭においているからである。

古京はすでに荒れて、新都はいまだ成らず。ありとしある人は、みな浮雲の思ひをなせり。もとよりこの所にをるものは、地を失ひて愁ふ。今移れる人は、土木《とぼく》のわづらひある事を嘆く。

京の都が田舎侍の風体の横行するところとなり、乱世の兆しは聞くまでもなく明確なことだった。半年で都帰りが決まったからといって、人びとの心も家々も、かつての京に帰るわけもない。平易な文章で、よく知られてもいるので現代語訳はつけない。

この都の有様をとらえる筆と、有職の公卿、藤原兼実の日録、『玉葉』の記述とを比べてみるとよい。五月三〇日条に、はじめて彼の耳に「福原下向」の噂が届く。五月三〇日に清盛より、六月三日の行幸が命じられ、たちまち六月二日に変更されたことに対して、「凡非言語之所及」（およそ言語の及ぶ所にあらず）と感想を記している。後白河、高倉両上皇と第八一代安徳天皇とが福原に移るのだから、宮人たちは大騒ぎである。

公卿僅両三人、殿上人四五人許、可候御共云々、天狗之所為、実非直事、生合乱世、見如此之事可悲宿業也

(公卿僅かに両三人、殿上人四五人ばかりをお供に候べし云々、天狗の所為にて、実に直事《なほごと》にあらず、乱世に生まれ合い、この如きの事を見る、悲しむべき宿業なり)

と、わが身の不運を嘆いている。六月二日条には、福原行幸に際して、洛中には、

凡異議紛紜、巷説縦横、緇素《しそ》貴賤、以仰天為事、只天魔謀滅朝家、可悲々々

(およそ異議紛紜、巷説縦横、緇素貴賤、仰天を以て事とす、ただ天魔朝家を滅せんと謀る、悲しむべし、悲しむべし)

と、やはり驚き嘆くばかり。「緇素」は「黒白」の意味で、墨染の衣を着た僧と白の衣の俗人をいう。先の条は清盛を「天狗」にたとえ、後の条は「天魔」の仕業になぞらえている。摩訶不思議な恐るべき力に襲われているという宮廷人たちの心情を映していよう。が、そのあとは、行幸の行列の次第、牛車や輿《こし》、服装などを詳しく記している。有職故実、「日記の家」の人の役割を忠実にはたしている。

兼実が仁安元年(一一六六)、一八歳に右大臣職を賜ってより一五年目、三五歳の夏のことである。鴨長明は、今日、仁平三年(一一五三)の生まれと確定し、『方丈記』を記したのは、そこにあるとおり、建暦二年(一二一二)三月末、六〇歳のとき。とはいえ、遷都に対する指弾の感情は、そのとき、二七歳の彼の憤慨のままと見てよい。わたしは、当時の手控えがあったと推測している。そして、『方丈記』の前半は、リアルな現場報告の記述方法を創始し、日

本のルポルタージュともいうべき流れをつくりだし、また全体は、漢文と仮名文の双方のレトリックを自在に用いる和漢混交文という新しいスタイルを生んだ。文芸を、西欧近代流に芸術すなわち個人の感情表現に限定することなく、古今東西に普遍的な言語表現の芸（ワザ）と考えるなら、『方丈記』の誕生は、日本語の文芸史上、まさに画期的な出来事だった。

いまさらながらだが、『方丈記』と『平家物語』の冒頭を読み比べてみるとよい。巻頭に主題ないし主調を提示する段を構えていることからして驚くほど似ている。『平家物語』も清盛の福原遷都を「平家の悪行の極み」と評したが、全体は平家の追悼、鎮魂の意図による。『方丈記』はそれとは異なり、そこに盛り込まれた無常観も、忍び寄る死は明日を待ってくれないのだから、内からわき上がる衝迫を大切にして、世の規範を蹴とばす自由につながるものだった。

そして、『平家物語』には、琵琶の語りにのせるためにうたの修辞技巧も駆使されており、『方丈記』の大小の対句的表現を駆使する調子も、和漢の典拠を自在に踏まえる表現も、前半と後半で大きく転調するさまも、演者それぞれに段を重ねてゆくのに便利な枠組みだったと想われる。それゆえ、『方丈記』の文体は調子をつけて読まれる『太平記』に、さらには能楽や浄瑠璃、歌舞伎などの詞章へと、それぞれに工夫を生みながら受け継がれてゆくことになる。

『方丈記』がはたした役割は、もうひとつある。人の所有物になることを拒否し、恩愛を離れて、自ずからをよしとする「自由」の境地の在り方を探って、白居易の「閑適」の思想に日本の知識人として最も接近し、それを再浮上させたことである。

『方丈記』にはうたは挟まれていない。だが、鴨長明が歌人としても活躍したことが考慮され、鎌倉時代の紀行文『海道記』も『東関紀行』も、江戸後期に否定されるまで、鴨長明の著作として長く信じられていた。『方丈記』の観察と風俗批判、そして和漢混交文は、日本の中世に、途中に和歌を挟みながら、だが、必ずしも和歌を核とせずに、著者の思想を開陳する新しい散文ジャンルとして紀行文をつくりだしていったのである。

『海道記』『東関紀行』

鴨長明の散文の著作が、ほぼ同時代から着目され、学ばれたことは際立っている。四六句で構成する駢儷体の調子を取り入れた和漢混交文による『海道記』が、『方丈記』に倣っていることも歴然としている。いわば「身を用無き者」、世の役に立たない無用者と思いなした人の東下りで、『伊勢物語』を踏まえるところも多い。が、禅宗への帰依が語られており、目指すのは好色の道ではない。今日では、貞応二年(一二二三)ごろの作と推定されている。

都人が旅中、ふだんは見ない地方の農民の営みに目をとめるのは自然だが、養蚕を生業とする農家に目をやり、子供が働いていることに感心している。鳴海の浜では、蟹が隠れ場を求めて逃げまどい、かえって人馬に踏まれるさまに生き物の家への執着のあさましさを見る。江尻の海岸では、漁師と魚の命をめぐる営みに思いをいたし、樵《きこり》や商人の渡世もみな等しく命を保つために命をすり減らすことは同じだと思う。海松《みる》や海月《くらげ》が漂うさまを、無常の「浮世」に警告を発し、自分を戒めているかのように感じる。

このように名所旧跡を離れて、なんでもない生き物や人びとの営みを見ては、仏道を歩む者の心懐がつづられてゆく。鎌倉の賑わいを見て帰路につくが、西方浄土ならぬ東への旅こそが仏道修行と説いて閉じているのは、新しき世を開いた鎌倉幕府への称賛である。やはり、京から鎌倉への紀行文『東関紀行』（仁治三年、一二四二ころと推定）は、冒頭近くに、こうある。

身は朝市にありて心は隠遁にある謂《いはれ》なり。

『白氏文集』巻五〈効陶潜体詩其十一〉中の「早出向朝市暮已帰下泉」（早くに出でて朝市に向かへるに、暮れには已に下泉に帰す）を踏まえたもので、首都の喧騒のなかに隠者として生きる態度の表明である。ただし、『白氏文集』巻九〈中隠〉の詩では、山中に閑居する者を「小隠」、市中の喧騒のなかに隠者の姿勢を保つ者を「大隠」と呼び、自分には中央政府の地方出張所のようなところで閑職にある「中隠」がよいと述べている。

漢語を減らした和漢混交文で、和歌をちりばめ、かつ、和漢の故事を引きつつ展開し、漢文脈と和文脈の使い分けがある。『海道記』とともに、鴨長明の鎌倉下向の紀行文とみなされ、長くその名が冠せられ、江戸中期までは、そう信じられていた（第四章後述）。

名所旧跡を訪ねるのは同じでも、それらが荒れて滅びゆくこと、鎌倉幕府の御家人、梶原景《かげ》時《とき》の墓所さえ忘れ去られてゆくだろうことを嘆く調子が目立つ。また名所と知りつつ、そこを訪ねない態度も見える。

いそぐ心にのみすすめられて、大磯、江の島、もろこしが原など、聞ゆる所を、見とどむるひまもなくて打過ぎぬるこそ、いと心ならずおぼゆれ。

早く鎌倉を訪れたい一心で、というのが理由だが、急ぐ旅ではない。『海道記』が大磯や絵島（江の島）の奇勝を存分に楽しんでいるのと対照的である。

いや、『海道記』も「もろこしが原」（現・唐ヶ原）に立ち寄っていない。高麗からの渡来民が祖先を祀った高麗寺という山寺があった。『更級日記』に、そこに大和撫子が咲くのを人びとが面白がるとあるのは、それゆえである。室町時代には廃寺に近かったといわれるが、鎌倉時代に、すでに寺は荒れていたのだろうか。江戸時代に再建され、それゆえ明治維新期の廃仏毀釈に遭い、高麗神社だけ残して寺院などは取り潰された。名所旧跡は、のちのちまで歴史の波間に浮きつ沈みつする。

室町時代の旅日記

室町時代（一三三六〜一五七三）には、臨済宗の歌僧、正徹の『なぐさめ草』（応永二五年、一四一八）の前半が伊勢また美濃・尾張への旅の見聞記である。その弟子の僧、正広《しょうこう》が文明五年（一四七三）に、大和から駿河へと富士山の姿を求めながら旅した記録は、日付をもたない。それでも、『正広日記』と呼ばれるのは、「日記」の語が特定の期間についての私的な日録を意味するものだったからだろう。

江戸城を築き、江戸を開拓した太田道灌が上洛した際の『平安紀行』（文明一二年、一四八〇、仮託とも）、天台宗系修験道の総本山、聖護院の門跡、道興《どうこう》が東国の末寺をめぐる『廻国雑記』（文明一九年、一四八七）なども記される。道興は、のち熊野三山などの検校を兼ね、大僧正から准后の地位に昇った人。室町時代は幕府の力が小さく、諸大名や寺社が領地を抱えて勢力をふるい、僧侶も系列の寺をめぐった。また連歌が盛んで、地下（民間）の連歌師も宗匠として諸国に招かれ、旅の見聞記を遺した。

和漢に通じた当代きっての学者で、摂政、関白など官位を昇りつめた一条兼良が、応仁の乱を奈良に避けて一〇年を過ごしたあいだの文明五年七二歳で美濃に息子と息女を訪ねる旅の見聞記に『藤河の記』がある。しばらく岐阜・鏡島《かがしま》に留まり、連歌百韻を巻き、漢詩の批評をし、猿楽を楽しみ、付近を見物したりする。

江口の鵜飼について人の話を聞いて、うたを二首つくったのち、はじめて江口で鵜飼を見たとある。兼良が七〇歳を越えるまで鵜飼を見たことがなかったのは意外な気がする。

鵜の魚を取る姿、鵜飼の手縄を扱ふ体など、今日初めて見侍れば、言の葉にも述べがたく、哀れとも覚え、又興を催すものなり。

この「哀れ」は、呑みこんだ鮎を吐き出させられる鵜に覚えたものだろう。都人にとって鵜飼は、いわば野趣に興じる場だが、哀れがつきもの。その場で、篝《かがり》火にかけてかがり焼にした鮎を食う。

とりあへぬ夜川の鮎の篝焼　珍《めづら》とも見つ哀《あはれ》とも見つ

このうただけが体験によるもの。こちらは、鮎のいわば姿焼きが珍しくも哀れを誘うというのだろう。能楽「鵜飼」で、鵜飼の亡霊は殺生をなりわいとする者の業を背負って登場し、法華経で救済される。が、兼良の思いは鵜匠の殺生に向かうことなく、いわば即物的な興趣と哀れにとどまっている。

宗祇『筑紫道記』

室町時代の連歌師の代表格、宗祇は、文明一二年（一四八〇）六月、西国の雄、大内政弘の誘いを受けて山口に滞在し、九月には九州に渡り、二〇日には大宰府跡を訪ね、付近の大堤など天智天皇の事績に思いをめぐらした。『筑紫道記』に「すべて国家を守る人は、唯民の費《ついえ》を思ふべき事とぞと覚ゆ」とある。また「只常なるものは山川土石のみなり」の感を強くした。
夕刻に博多に着き、浄土宗、龍宮寺に宿を世話してもらい、翌日には志賀島に渡った。

寺に帰りて、此所《この》にたち給ふ住吉の御社に参《まゐり》てみれば、粗垣《あらがき》の廻《めぐ》り遥かにして、連なれる松の木立神さびたり。楼門半ばは破れて、社壇も全《また》からず。いかにと問へば、此十とせ余りの世中《よのなか》の乱《みだれ》故と言へるも悲し。神前の祈り此道《この》の外の事なし。

「此十とせ余りの世中の乱」とは、応仁・文明の乱が筑前に及んで、大内氏同士の争乱になったもの。「神前の祈り此道の外の事なし」の「此道」は、和歌の道。争乱の世なればこそ、神代からつづく和歌の道を守りとおすこと、それが宗祇の伝統主義である。

宗祇は、藤原定家の流れを汲む「和歌の家」、東氏《とう》（のち二条家）の九代目当主、東常縁《とうのつねより》から、いわゆる古今伝授を受け（文明三年、一四七一）、歌学書『古今和歌集両度聞書』を遺したことでも知られる。その『両度聞書』仮名序に、大和歌の大和は「大いに和らぐ」こと、宇宙万物に和を及ぼすことを意味するという趣旨のことが記されている。宗祇の講義録『古今和歌集抄』（室町末期写本）には「やまとうたといふに大きに和ぐ義あり」「二神陰陽の和合に及ぼす義なり。尽《ことごと》く乾坤一切万物に及ぶ和なり。『和歌』、これなり」とあるという。伊邪那岐・伊邪那美のミトノマグワイに言いおよんだのは、講義ゆえに付会《こじつけ》が拡大したのだろう。

宗祇は和歌の根本義として、これを説いたのだが、江戸中期に神道談義に活躍した増穂残口

『艶道通鑑』〈神祇の恋〉（一七一五）は、さらに拡大解釈し、この二神を日本民族の祖先神のように唱え、儒学と仏教を激しく排撃する際の根拠にした。大正期には、作家、岩野泡鳴が、帝国大学法学部教授、筧克彦の国家神道論『続古神道大義』（一九一五）を国家主義と排撃する際にも、これを持ち出している（『筧博士の古神道大義』一九一五）。

宗祇は筥崎《はこざき》では、付近のいわゆる千代の松原に分け入っている。

> 木のもとを見れば、五尺六尺一尺二尺、又は二葉の如く生《おふ》るなど、春の野の若草のごとし。幾万代《いくよろづよ》も絶ざらんと見ゆるは、たゞ神明の陰なればなり。

松のひこばえに絶えざる生え変わりの実態を見、松原が姿を留めつづけていることを神の光の表れと述べている。そして、筑前の蓑芋《みのう》の浜辺では、次の思いを記している。

> 風激しく浪高うして、物心細きに、小さき魚のこゝろよげに飛《とぶ》を見るに、是も又、波の下には我より大《おほき》なる魚の恐るゝ多からむと、見るに羨ましからず。又貝の殻の浪に随ふを見れば、うち寄せられて海に離るゝも愁ひなし。引かれて海に帰るも喜びなし。すべて生《しやう》を受くる類ほど悲しき物はなし。世はたゞ苦楽共に愁也。

感情をもたない生物の営みを突き放して観察し、それを貫くものに「愁ひ」を感じること、それを「ことは《わ》り」と述べている。その「理」を知れば、「羨ましとはたゞ此貝の殻をや言ふべからん」といい、身を失った「空貝《うつせがい》」のようになりたいものだというたを詠む。そして、次の段を「はかなしごとに時移りて宗像《むなかた》に至りぬ」と書き起こす。なんでもない海岸で何ほどのことでもないことを観察し、達観めいたことを記し、意味のない、どうでもよいことと一括し、宗像神社を訪ねる記事に移ってゆく。

名所旧跡を訪ね、接待を受け、また神社を訪れる旅中に、かたや千代の松原を留めつづける自然の営みを神の光の表れと思い、かたや海岸の魚や貝の生の営みに愁いを覚える。宗祇は地下の出で、若くして相国寺の禅僧となった人、めでたい生の営みには神の光を見るが、その底には、生を愁い、その苦を離れることが望まれているのだろう。

芭蕉の旅と俳諧

地下の連歌師の活躍は、民間にことばあそびの要素の強い俳諧連歌を流行させ、あくまでも和歌の入り口として俳諧を教える松永貞徳の貞門、それを西山宗因が滑稽本位に切り替えた談林を経て、元禄期の蕉門俳諧へ展開する。芭蕉の旅は、多数の俳枕を生み、『野ざらし紀行』（貞享二年、一六八五刊）から『おくの細道』（元禄七年、一六九四）に至る俳諧紀行文もよく知られる。

貞享四年、故郷伊賀への旅の途中、書き付けに残したものを編んだ『笈《おい》の小文』（歿後、宝永六年、一七〇九刊）の冒頭近く、「つゐ《ひ》に無能無芸にして只此一筋に繋《つなが》る」には、西行のすぐあとに宗祇の名がある。宗祇のいわゆる「此道の外の事なし」が響いていよう。西行については、芭蕉俳文中「伊勢参宮」に「光」の語が見え、そして西行が伊勢、二見浦で詠んだとされる、

何事のおはしますをば知らぬども　かたじけなさの涙こぼるる（『西行法師家集』）

のうたに、次の句をつけていることを想えばよい。

何の木の花とはしらず匂《にほ》ひ哉

服部土芳《どほう》によって『三冊子《さんぞうし》』（元禄末年、一七〇四ころ成立）にまとめられた芭蕉のことばのうち、「物の見えたるひかりいまだ心に消えざる中にいひとむべし」にも、宗祇のいう「神の光」が届いていよう。むろん、神・仏・道をやわらかく抱きこむ信仰で、それらの距離、強弱の判断は評者によって異なろう。『笈の小文』のはじめ近くに、次のようにある。

抑《そもそも》、道の日記といふものは、紀氏《きし》・長明・阿仏の尼の、文をふるひ情を尽してより、余は皆俤《おもかげ》似かよひて、其糟粕《さうはく》を改むる事あたはず。まして浅智短才の筆に及《およぶ》べくもあらず。

「紀氏」は紀貫之『土佐日記』、「阿仏の尼」は『十六夜日記』を指しているのは明らかだが、「長明」の名は、当時、長明作と考えられていた『海道記』『東関紀行』のどちらともとれる。前者には「身を用無き者」、後者には「市中の隠」の姿勢が見える、芭蕉が『おくの細道』の

旅を終え、大津山中に滞在した折、鴨長明が庵を結んだ日野山に近いこともあり、『方丈記』の隠棲を想いつつ、『幻住庵記』を遺している。そして、ここにも先の「つゐに無能無芸にして只此一筋に繋る」が見える。旅に生きることと隠棲への共感とは、芭蕉においてひとつのことだった。現世に生きて現世を離脱する道である。

だが、江戸時代の俳諧は、談林以降、和歌や物語の「雅」の世界に対し、「俗」の世間に流行するものに題材を求め、典拠を踏まえながら、規範をズラすことによって生じる滑稽を歓ぶ庶民の遊びの芸に徹した。

　梅若菜まりこの宿《しゅく》のとろゝ汁（『猿蓑』）

「梅」は春の季題、「若菜」は春の葉菜。花に葉をとりあわせたので、「とろゝ」の根菜で落とした句と読める。芭蕉晩年の弟子、許六が最初に持参したものから、芭蕉がとりだした一句を寄せてみる。東海道は駿河の国、丸子（毬子）宿の隣、宇津谷峠の名物が十団子である。

　十団子も小粒になりぬ秋の風（『韻塞』）

十団子が小さくなったのは、世知辛い世の動きにほかならないが、それに、和歌で秋の風情をいう「秋の風」をとりあわせる落差の妙、そこに生じる滑稽を拾ったとわたしは見る。とろろ汁も団子も、和歌には出てきようもない庶民の食べ物である。

　人の短をいふ事なかれ己が長をとく事なかれ　物いへば唇寒し秋の風（『芭蕉庵小文庫』）

この教訓も風情も、ともに洒落のめされるためにあるといえば、極端に過ぎるとそしられようが、芭蕉が好んだ歌仙（三六句の連歌）も、俳諧の本義から外れるものではない。

そこでは、禅味も狂禅寄り、風狂寄りに傾こう。世俗のただなかで逸脱を楽しむのが、旅であり、市中の隠であり、俳諧なのだ。雅俗の折衷でも、中間でもない。

それゆえ、もし、世を辞すにあたって俳諧を残せば、己れの一生を洒落のめすことになる。元禄期には、そこまで放胆なことを思いつく人は、まだ、いなかったらしい。芭蕉にも辞世の句はない。病中吟、

　旅にやんで夢は枯野をかけ廻《めぐ》る（『芭蕉翁行状記』）

も、旅に病めば誰しもが家郷を想うのに、夢のなかでさえ己れは、しかも枯野を、と呆れはてでみせる体だろう。

江戸後期の儒者、津坂東陽は芭蕉俳諧集に序文を寄せ、また晩年、一九世紀に入ってから、漢詩鑑賞の手引書、『夜航余話』上下巻を刊行、その下巻で、俳諧は「卑賤卑俗の翫《もてあそび》」としながら、漢詩や和歌を踏まえるところもあるゆえ、芭蕉は別格扱いし、漢詩や和歌と比較して論じた。俗にあって雅と通じるところを読んでのことである。『夜航余話』は、明治期の漢詩隆盛のなかで翻刻され、かなり読まれたらしい。*

*そののち、正岡子規が近代文学の規範にかなうものへと俳諧の変革を唱え、世論喚起に大きな

役割をはたした博文館の総合雑誌『太陽』の「俳諧」欄を二度担当して「俳句」欄に代え、日本ではじめて象徴詩を実現したとされる蒲原有明『春鳥集』（一九〇五）が、その自序で「元禄期には芭蕉出でて、隻句《せきく》に玄致を寓せ、凡を錬りて霊を得たり。わが文学中最も象徴的なるもの（ほんの一句に宇宙の根源をことよせ、平凡なことを錬りあげて神妙の境地を獲得したというほどの意味）と述べて、平易なことばで精神の深みを示す日本の象徴文芸の手本として芭蕉俳諧をあげたことに端を発して、新傾向俳句の荻原井泉水や象徴詩人の三木露風らによる芭蕉礼賛がつづいた。佐藤春夫「『風流』論」（一九二四）、萩原朔太郎「象徴の本質」（一九二六）などによって、文壇、芸術界にこの風潮がひろがってゆく。それとともに芭蕉俳諧の鑑賞から滑稽感が締め出されていった。

第四章　近世——旅日記と暮らしの日記

近世へ

今日、歴史学では織田信長の「天下統一」から近世と呼ぶことが定着している。安土桃山期（一五七三〜一六〇三）には、豊臣秀吉に仕えた大名で、歌人としても新境地をひらいた木下勝俊（長嘯子《ちょうしょうし》）に九州の陣に向かう旅を記した『九州道之記』（天正九年、一五八一）があり、キリシタン大名のひとり、蒲生氏郷《がもううじさと》の『蒲生氏郷紀行』（同前）もある。木下勝俊の歌道の師匠で、近世大名肥後細川氏の祖にあたり、近世歌学を大成した細川幽斎（藤孝）も、秀吉の九州平定に武将として加わった際の『九州道の記』（一五八七）を遺している。戦国武将の紀行には、豊臣秀吉の朝鮮出兵（文禄・慶長の役、一五九二〜九三、九七〜九八）の従軍記録もいくつか遺されている。

戦乱の世がおさまるにつれ、個人の記録や回想も多く残された。下剋上の風潮は、それらにも、さまざまに映っている。

松平（徳川）家に代々家臣として仕えた三河国上和田（現・愛知県岡崎市）の大久保家に生まれ、家康に従って戦乱の世を生きた忠教《ただのり》（通称、彦左衛門）が、晩年に記した『三河物語』（一六二二）がある。それぞれの戦闘の具体的な様子は日々の書き付けによるものだろう。武士の日常の苦難に満ちた生活ぶりもよく伝える。徳川の家臣としての立場から書かれているが、戦乱がおさまったのちに武功を立てた武士が報いられることなく、不遇をかこつ様子や自らの心情を綿々とつづる。文字は漢字、カタカナ、ひらがな、万葉仮名、のちにいう変体仮名を混在させ、三河方言も交え、文中に漢文に加える朱点を真似て、読点、句点にあたる〔。〕印を打つ。が、途中で止めて文末を整えないところも多い。「不可」など慣用された返り読みの表記も混在するが、全体は口語のままに近い。和製を含む漢語、返り読みする漢字の多寡には個人差があるにしても、戦国武士の書き付けの表記のおよその様子を伝えていよう。

女性の回想記では、石田三成の家臣、山田去暦《きよれき》の娘が、美濃大垣城で体験した関ヶ原の戦いの様子を、尼になってから子供たちに語りきかせることばを、ほぼその口語のままにその弟が筆記した、『おあむ物語』（『あおん物語』とも。お尼の口語）が知られる。

我ゝ母人《はゝ》も。そのほか。家中《かちう》の内儀《ないぎ》。むすめたちも。みな〳〵。天守《てんしゆ》に居て。鉄鉋玉《てつぱうだま》を鋳《い》ました。また。味《み》かたへ。とつた首《くび》を。天守《しゆ》へあつめられて。それ〳〵に。札《ふだ》をつけて。覚《おぼ》えおき。さい〳〵。くびにおはぐろを付て。おじやる。それはなぜなりや。むかしは。おはぐろ首は。よき人とて。賞翫《しやうくわん》した。それ故《ゆゑ》。しら歯《は》の首《くび》は。おはぐろ付《つけ》て給《たま》はれと。たのまれて。おじやつたが。くびもこはいものでは。あらない。

戦《いくさ》の日々に、鉄砲の音にも、敵の生首にも、すぐ慣れる。包囲された美濃大垣城から脱出する経緯が語られ、日付は出てこないが、日時は特定できる。回想記をも「日記」として扱うなら、その一種になるはずだ。類似のものに、聞き書きがより間接的だが、大坂城で淀殿に仕えていた侍女の回想記『おきく物語』も知られる。

江戸時代には、その後も、地の文に口語を映したのものがかなり見られる。中国でも、禅僧の問答録からはじまり、儒者のものでも講義の類は、硬軟はあっても口語体（白話）で記されたので、それは当然の現象だった。くだけた口語による笑話の類は、識字層のひろがりが庶民に及んだことを示している。

各藩に事務方として勤める武士は、藩の種々の記録を遺す。藩により、また時期によって事情はさまざまだろうが、たとえば尾張徳川藩では、机一点の購入の記録も日付、金額とともに一枚一枚の書類に遺していることを東京都豊島区目白の徳川林政史研究所（財団法人徳川黎明会）を訪ねれば、目にすることができる。

漢文のリテラシーについては江戸中期に各藩が藩校を整え、また荻生徂徠の学統が一世を風靡、庶民にも漢詩文の啓蒙に乗り出した。江村北海の漢学入門の手引書『授業編』全一〇巻（一七八三）の第二巻に「読書三則」という章があり、漢文の読書には「音読」と「看読」（黙読のこと）のどちらが適しているか、という質問に、どちらにも一長一短があるといい、音読は全体の要旨をとらえるのに適し、黙読は「精読」に適していると答えている。

このようなハウトゥーものは、漢詩文を独自に学習しようという町人層に向けて出されたと見てよい。農・工・商の階層に向けた教育は、教える方も習う方も個々人の自主性にまかされていた。江戸時代を通じて、読み書きする文体の多様化が進み、それにつれて各自が記述する形式にも文体にも自由度が増し、私的に記す日記にもさまざまな変化が起こる。

江戸時代には、官記、私記を問わず、日次に書くことが「日記」の通念になっていたが、暮らしの日記にも様変わりが見られる。江戸後期の久留米藩の故実家、松岡行義《ゆきまさ》の『後松日記』全二一巻中、巻五には次のようにあるという。

> 凡《およそ》日記といふは、一日二日と日をものして書《かく》べきを、こは日並もかゝねば、日記とはいひがたかるべけれど、文机のうへにおきて、日ごとにみしこと、いひやりし事など、忘れては名残なからんと書付るによりて、かくはいふなり、されば部を分かたず、筆のまに〳〵なり。

備忘録の類を部立もせずに「筆のまに〳〵」書き付けることが、それとして意識されていたことがわかる。故実家なればこそだろう。実際、江戸時代を通して、日記も「筆のまに〳〵」進みゆくさまを呈していった。

その変貌ぶりを、旅日記と暮らしの日記のふたつに大きく分けて、かいつまんで述べてゆくことにする。

井上通女『帰家日記』

芭蕉が活躍した元禄のころ、讃岐丸亀藩士の娘に生まれ、京都で和漢の教養を身につけたのち、二二歳で江戸屋敷に暮らす藩主の生母、素性院に仕えるため、丸亀から旅発った井上通女は、和歌と漢詩を交えた旅日記『東海紀行』を記していた。『伊勢物語』が歌枕にした八橋ではカキツバタがほとんど姿を消していることに慨嘆している。そして、彼女が三〇歳の春、その「女君」が歿し、故郷に帰る旅に『帰家日記』を遺している。元禄二年（一六八九）六月一一日に出立、品川を出て昼食を旅籠でとり、田植えのすんだばかりの田畑で働く人びとを見て次のように記している。

> 草《くさ》ぎる者《もの》の笠《かさ》のみ見《み》ゆ。田歌《たうた》いとをかしく歌《うた》ふ。げになりはひのたやすからぬいとなみも、見《み》ることには一しほに思《おも》ひ知《し》られて、素餐《そさん》のとがおそろし。又山《またやま》ぎはに畠《はた》うつ者《もの》の、身《み》の色《いろ》は墨《すみ》の如《ごと》くにて汗《あせ》おしのごひたる、暑《あつ》さたへがたげなるは、夏畦《かけい》よりもやめりと苦《くる》しきたとへに、曽子《そうし》ののたまひし、げにもと覚《おぼ》ゆ。

「素餐のとが」は無為徒食する罪。「夏畦」は夏の田の草取りのこと。井上通女にとってみれば、長く江戸屋敷で暮らすうちに、久しく見なかったものであろうが、田夫や漁夫の労苦に出会うのは、中国の貴人の旅日記のパターンを踏まえたもの。「夏畦」は『孟子』〈滕文公〉にみえる孔子の高弟のひとり、曽子の言を踏まえているが、もとは「脅肩諂笑病于夏畦」（肩をすぼめておべっか笑いをするのは、夏の田の草取りより病めり）である。「病めり」は恥かしくて体がほてるのをいったものだろう。漢文の名高い句を踏まえようとするあまり、やや無理して引き合いに出した気味がある。それとも、一知半解のコトワザが流布していたのだろうか。そのあたり、いま、定かでない。

歌枕が往時の姿を留めていないと嘆くのも、田畑で働く人びとを見て感慨を催すのも、日本では『海道記』や『東関紀行』がつくった旅日記のパターンである。この作法が武家の周辺では連綿として受け継がれていたことがよくわかる。

荻生徂徠『風流使者記』

旅日記を覗く限り、遊楽の気分が浸透するのは、第五代綱吉将軍が文治政治を推進する「天和の改革」を過ぎたころからだろうか。意外なことに、のち、八代将軍、徳川吉宗の非公式のブレーンをつとめ、日本の儒学に画期をひらくことになる荻生徂徠が、かなり浮かれ調子の旅日記を遺している。もちろん、漢文の日記である。綱吉が側用人として抱えた柳沢吉保にとりたてられ、徂徠が、いわば雌伏の時期を脱した時期のことゆえかもしれない。題して『風流使者記』という。二一巻。

宝永二年（一七〇五）九月、徂徠、四〇歳の秋、甲府に旅したときのものである。宝永元年、郷里の甲府藩主となった吉保から、自身が一族の事績を遺すために起草した碑文の草稿に、地誌などにまちがいがないかどうかを調べてくるように命じられ、田中省吾という儒者とともに九月七日に江戸を出た。甲州街道は八王子を過ぎれば山道が険しい。だが、輿《こし》に乗っての旅で、奇観を眺めて詩を吟じ、まずは遊楽気分である。

だが、巻一を旅程二日目、小仏峠からの景観を楽しんだところで終え、巻二を、その日、貧窮極まりない民に出会ったことからはじめている。空気のよく澄んだ谷あいに二、三の人家をみかけ、道士の隠遁生活でもあろうかと、省吾と険しい山道を降りていって徂徠は愕然とする。

至則窮民家也、闒茸不可言、見一老嫗襤褸百結、有孫可八九歳、菜色如鬼、訝其能人語、省吾憫然、探嚢中果子噉之而過、茂卿痴想未消……

（至れば則ち窮民家なり。闒茸言ふべからず。一老嫗の襤褸百結を見る。孫有り。八九歳なるべし。菜色鬼の如し。其の人語を能くすることを訝《いぶか》る。省吾憫然たり。嚢中に果子を探り之に噉《く》はしめて過ぐ。茂卿の痴想未だ消えず……）

「闒茸」の原義は薄っぺらな茸で、貧相なさまをいう。「襤褸百結」は、ぼろぼろでつぎはぎだらけの衣。「菜色」は青ざめた顔色。省吾が懐から菓子を出し、その子に与えて去った。が、茂卿《しげのり》すなわち徂徠は、中国の仙人の故事など痴想に耽ったままだったと記している。しばらく一行は愕然としたままだったため、地名も判然としないとある。やがて藤野に至る地域である。平家の落人かサンカか、幕府の管轄から零れ落ちた人びとだったのだろう。

決して豊かではない生活を送った徂徠にして、最下層民を目撃したのははじめてだったにちがいない。これは紀行文の常套とはいえまい。

そののちは、寺社を訪ね、ときには輿から降りて山に登り、危険なつり橋を渡り、また民俗を探りながら、漢詩をつくり、吟じ、省吾とどちらが疲労しやすいかを競いあい、掛けあい漫才のような笑いを誘う会話を交わしながらの旅がつづく。「風流使者」と名づけた所以である。柳沢吉保の文章の優れたさま、またその故郷も褒めちぎっている。

だが、巻二の冒頭に、貧民の困窮生活に出会ったことを置いているのは、やはり気になる。この見聞が、第五代将軍、綱吉が死去し、吉保の失脚後、第八代将軍、吉宗に登用された徂徠が、治者を聖人と説いて、幕府の権威を高めるのと引き換えのようにして、利益の追求を人情のマコトと求め、土地の売買も認め、金銭の流通を徳と説き、商人からも徴税するなど、いわば経済成長策を進言する契機になった、とまではいわないが。徂徠はその著『論語徴』で、『論語』〈里仁〉にいう「君子喩於義、小人喩於利」（君子をば義に喩す。小人をば利に喩す）を「小人」の「利」を求める本性を認める言と解釈替えするなどし、朱子学の経済倫理を転換したのである。

お蔭で幕府財政は立ち直り、物資は全国に流通するようになった。が、安永元年（一七七二）、側用人から老中に駆け上がった田沼意次のとき、幕府財政の悪化を立て直そうと、また商業を重んじ、各種の開発に乗りだしたものの、幕府も諸藩も賄賂の横行に染まってゆき、儒者から指弾を受けた。こうして、江戸時代には経済開発と引き締めが繰り返された。

遊女の旅日記

徂徠『風流使者記』の少しのち、尾張徳川藩にしばらく抱えられていた芸者、武女《たけじょ》が享保五年（一七二〇）に戸田（埼玉県）の佐々目（笹目）あたりの郷里へ帰る道中日記『庚子道の記《かのえねみち》』は、次のようにはじまる。

女《をみな》は疆《さかひ》を越《こ》えずとこそ古《ふる》き書《ふみ》にもいへ。されどそはうるはしき人《ひと》の上《うへ》なめり。蜑《あま》の子《こ》のよるべなき身《み》は、誘《さそ》ふ水に任《まか》せて、西《にし》へ流《なが》れ東《ひがし》へ漂《さすら》ひて、つひの終定《をはりさだ》めかねぬるぞ、哀《あはれ》に浅間《あさま》しき業《わざ》なる。

（「女は疆を越えず」と昔の本にもあるか、だが、それは立派な身分の人のことであろう。遊女の寄る辺のない身は、水の誘いにまかせて、西へ流れ、東にさすらい、一生の終わるところを定めることができないのは、哀れにもあさましいことよ）

「古き書」は『礼記』。その〈内則〉篇に男は外に出て働くのに対し、女は内にいて、家事を取り仕切ることをいう。武女のいうとおり、庶民とは縁のない教えだった。「蜑の子のよるべなき身は」は「白浪のよする渚に世をすぐす　あまの子なれば宿もさだめず」（『和漢朗詠集』巻下 遊女）を、「誘ふ水」は小野小町の「わびぬれば身を浮き草の根を絶えて　誘ふ水あらばいなむとぞ思ふ」（『古今和歌集』巻一八雑歌下九三八）を踏まえている。この条を基調低音のように響かせ、名古屋では決して幸せとはいえない境遇だったが、といいつつ、今生の別れを告げることは悲しいと訴えて彼女は、東海道を江戸に向けて旅発つ。

このようなアンビヴァレンツな感情の表白を随所にみせながら、三河の八橋をはじめ、歌枕を訪ねては、その変わりはてた姿を嘆く。和漢の故事を踏まえ、『万葉集』をはじめとする和歌、『伊勢物語』『紫式部日記』『枕草子』『十六夜日記』などなどを踏まえる行文のあいだには、望郷の念しきりと中唐の詩人、賈島《かとう》の漢詩の替え歌も挟む。歌枕の変わり果てた姿を嘆き、和漢の故事を踏まえるのも、先の井上通女『帰家日記』と同じだが、この才媛ぶりはただ者ではない。

第六代尾張藩主、徳川継友《つぐとも》の江戸下向に先行する藩士一行に随っての旅で、彼らを相手に、漢詩も和歌も当意即妙に繰り出しては、しばしば彼らの笑いを誘い、案外、はしゃいだ気分も漂う。それも遊び女なればこそ、といえばそれまで。中国にも朝鮮半島にも、知識人と詩をあわせることのできる遊女は少なくなかった。

武女は、小夜の中山で、次のうたを詠む。

年はまだみそぢがほどにゆくと来《く》と　八度《やたび》越えけり小夜の中山

このわたしは三〇歳で、小夜の中山を往復で八度も越えたのよ、という調子である。国学者のあいだに写本とともに、武女は、のちに第八代藩主となる徳川宗春《むねはる》のお抱えと伝えられる。とすれば、度重なる中山越えのうたは、宗春に寵愛されことを誇っているようにも読める。

ここに、よく知られる『海道記』の中山のうたを引いてみる。

分けのぼるさやの中山なかなかに　越えてなごりぞ苦しかりける

中山は登る苦よりも、越えたのちの名残惜しさを振り切る方が苦しいという機知のうたである。これに寄せたと見るなら、先の武女のうたは、わたしは八度も名残惜しさを振り切った、という意味になるが、それではうたの心が判然としない。もうひとつ、よく知られた西行のうたがある。

あづまのかたへ相識りたる人のもとへまかりけるに、小夜の中山見しことの昔になりたるける思ひ出でられて

年たけてまた越ゆべしと思ひきや　いのちなりけり小夜の中山（『西行上人集』）

これを踏まえて、自分の身の軽さを自嘲気味にうたったたと読む方が、冒頭、流れゆく身を「哀に浅間しき」と嘆く一句がよく響くだろう。また、箱根の関で呼び止められたものの、ほ

どなく許されたことを「遊女《あそび》傀儡《くぐつ》の類《たぐひ》は、人の外《ほか》なる定《さだめ》あり」（人にあらずという掟がある）ゆえに咎《とが》めなしに通れたと知り、「嬉しとやいはまし、悲《かな》しとやいはまし」（嬉しいといってよいか、悲しいといってよいか）と漏らす自嘲とも響きあおう。

ただ、その「定」を、この旅ではじめて知ったというのは、やや不可解である。苦界に身を沈める前に宗春に拾われ、江戸屋敷と名古屋のあいだを往き来したというのであれば、この公旅の一行と一緒の旅で、彼女に手形をもたせなかったのが解せない。この関所の一件は、浮き草の身の定めを繰り返し響かせるための虚構のようにも思える。

日記は、郷里で暖かく迎えられた様子を記し、親族の笑い声で閉じる。いわば解任されての帰郷だったらしい。吉宗の享保の改革、風紀引き締め策を、藩主、継友が受け止めての措置だったとも考えられよう。次の次の藩主を継いだ宗春は、逆に出て、名古屋は一時、繁華を極める。名古屋に武女の立派な墓が残るという。享年八〇とも伝えられる。宗春に再び呼び寄せられたのだろうか。その間の事情は杳《よう》として知れない。

この日記は、その作風ゆえに『庚子《こうし》道之記』と名づけられ、文化四年（一八〇七）に村田春海門下の国学者、清水浜臣《はまおみ》が白拍子の才女の旅日記という触れ込みで売り出した。国学者たちが序文を付し、みな、平安時代の『かげろふ日記』『紫式部日記』『更級日記』、鎌倉時代の『十六夜日記』などをあげ、それらに比肩するものと褒めちぎっている。

清水浜臣は、いくつもの旅日記を遺したが、文化年間に甲斐の名所旧跡を訪ねた折の『甲斐日記』は、和歌をものし、碑文の類を写し、地歴の考証をめぐらしている。この傾向は、国学者に限るものではない。このころには、旅日記もまったく変容していた。

それゆえ、武女の古風な才女ぶりが珍重されたのだろうが、そこここから匂うはしゃいだ気分は、あくまで享保の改革前のものである。また、このころ、「女房日記」のような括り方が国学者のあいだにはできていたことにもなろう。それについてはあとで考えることにしたい。

紀行文の雑記化

江戸後期の紀行文に、医師、橘南谿《たちばななんけい》が天明二年（一七八二）から同八年まで、断続して日本各地を巡歴した旅の見聞録『東西遊記』がある。実際は、『西遊記』『西遊記続編』『東遊記』『東遊記後編』の四篇が別々に刊行されたか、今日、西東二篇ずつをまとめて呼んでいる。「遊記」の語は、中国では旅の見聞録一般を意味し、名山名水などへの遊行の見聞をもとに文芸の一ジャンルとして確立したのち、明代の『西遊記』など伝奇小説にも用いられるようになった。日本の「紀行」とは、いささか経緯が異なる。

その『東西遊記』に、『近世畸人伝』（正篇、寛政二年、一七九〇刊）で知られる伴蒿蹊《ばんこうけい》（資芳）が寄せた序は、暇と旅費のほか、心身が壮健でかつ学問がないと優れた紀行文は残せないと述べたのち、古記録はあっても古すぎてなきに等しく、中世の僧侶で旅をして多くのうたを詠んだ西行や能因については「紀行こまやかならず」といい、「後には宗祇法師あれど、是《これ》も名だたる所ばかりをあらあらにしるされたれば、其けしき明らかならず。まして土風、人情をや。わずかに熊野山中の小児が米をしらず、越後の雪に妖怪のあらはれしなどいへるたぐひのみぞ、僻境のおもむきをしるのよしにはありける」と言い置いて、本文の紹介に入っている。「土風」はローカルカラーのこと。つまりは詳しい地誌が望まれている。

その『東西遊記』は、旅程にしたがった日次記ではなく、各地の案内記の体裁をとる。当初は『諸国奇談東遊記』などの名で、挿絵入りで板行され、人気を博した。江戸後期には、読者の紀行文に求めるものが大きく様変わりしたことが知れる。

また、橘南谿と関係の深かった百井塘雨《ももいとうう》は、諸国巡遊記を同じかたちにまとめ、『笈埃随筆《きゅうあいずいひつ》』と題して遺している。どうやら、紀行文と随筆とのけじめもつかなくなっていったらしい。

尾張藩の本草学者だった菅江真澄《すがえますみ》が、脱藩して全国各地を歩き、本草の探索から地方風俗の観察記録というべき、おびただしい数の紀行日記文を天明年間から寛政期にかけて刊行したことにも同じ傾向がうかがえよう。今日、「菅江真澄遊覧記」と総称されている。また、越後魚沼で縮仲買商を営んだ鈴木牧之が山東京伝の弟・京山の助けを得て、天保八年（一八三七）に『北越雪譜』を江戸で刊行すると、たちまち当時のベストセラーになった。

長崎紀行──梅園、江漢、松陰

江戸中期、故郷、大分で、独創的な自然哲学を築いた三浦梅園が、安永七年（一七七八）、五六歳のとき、一二名の門弟とともに長崎出島に赴いた書き付けが『帰山録草稿』としてまとめられている。長崎滞在中には天文学を学ぶかたわら、前野良沢のオランダ語研究や杉田玄白らの『解体新書』の翻訳にも寄与した通詞、吉雄耕牛らを何度も訪ね、蘭学の要諦を聞いたり、最新の医学の道具、顕微鏡に関心を示したりしたことが図とともに書きとめられている。翌年、梅園は吉雄耕牛から木製の三脚つき顕微鏡を贈られ、それを用いて、小動物や植物の組織の観察をはじめる。

とりわけ、蘭学と宇宙論まで含む朱子学との相違を気にかけていた梅園が、オランダ通詞、松村元綱に話を聞き、蘭学も「畢竟、窮理の学なり」（理を窮める学問）と感得したことは、日本人が西洋の知識体系をキリスト教の創造神の考えを度外視して、朱子学の「天理」の考えで受け止めた最初の例である。それは、たとえば、幕末の先覚者、佐久間象山が黒船に対抗するため大砲をつくろうとして、朱子学の根本精神は窮理にあるのだから、朱子学を学ぶ者は当然、西洋の物理学も学ぶべきだという提案を幕府にしているように（「文久二年九月の上書」一八六二）、その後の蘭学受容、さらには明治期以降の西洋科学・技術を受容する際の方向を決めるような意味をもっていた。なお、三浦梅園は読書日記『浦子手記』も遺している。

三浦梅園一行が出島を訪れた一〇年後、天明八年（一七八八）に、ひとりで江戸から長崎に向かったのが、司馬江漢である。四二歳のとき。その紀行文が『江漢西遊日記』で、はじめて東海道から富士山を仰ぎ、その威容に惚れこんで、後年、多く富岳画を遺すきっかけになった。長崎で一ヵ月余り滞在し、オランダ通詞の吉雄耕牛や本木良永らと交流、多くの油絵に接して、その画法を体得し、日本の洋画の先導的役割をはたすひとりになる。が、この『西遊日記』では、むしろ、鬼面人を驚かすような行動の記録が面白い。

長崎から江戸への帰路、備中で、猟師の鉄砲で殺された鹿に駆け寄り、その耳元から生血を啜り、驚く猟師たちを後目《しりめ》に、「鹿の生血は生を養う良薬と聞けばなり」と記している（寛政元年〔一七八九〕二月三日条）。長く友人だった平賀源内と相通じるような、彼一流の合理主義によって知識で知っていることをはじめての機会に、すかさずやってみる実体験精神とでもいうべきものが、彼を突き動かしていたのだろう。

嘉永三年（一八五〇）には、吉田松陰が『西遊日記』を遺している。九月に長崎に着き、長州藩蔵屋敷を拠点に三ヵ月ほど滞在、外国船とつきあいの深い船番と呼ばれる人びとと縁故をつなぎ、オランダ商船や唐船に乗ってみている。アヘン戦争で清が西洋列強に大敗したことを知り、西洋兵学を学ぶための旅といってよいが、平戸へまわって、家学の山鹿素行の兵学を伝える山鹿万介や先学の葉山左内に拝謁、肥後熊本では、山鹿流兵学者で志士の宮部鼎蔵と出会った。宮部は、松陰とは肝胆相照らす仲の横井小楠の同志で、この年、松陰と東北旅行に赴き、翌年には一緒に山鹿流兵学の後継者で、実地教練を強調した山鹿素水に入門する。宮部鼎蔵は、のち、元治元年（一八六四）六月五日に京都、池田屋で新撰組に襲われ、自刃する。享年四五。

松陰は柳川、佐賀をまわって一二月に萩へ帰るが、この旅程からは、幕末の人脈づくりの一端が知れる。のち、安政六年（一八五九）、井伊直弼《なおすけ》による安政の大獄に連座し、松陰は一〇月二七日に小伝馬町牢屋敷で斬首の刑を受ける。享年三〇。それより二〇日前の一〇月七日、橋本左内が同じ小伝馬町牢屋敷で斬首刑に処された。享年二六。松陰は、ついに橋本左内と会うことがなかったことを残念がり、議論したかったと遺書『留魂録』に書き残している。

長崎紀行は、まだまだある。が、少し遡る。天保一四年（一八四三）に長崎でロシア南下の危機を知り、一転、蝦夷地を目指した人がいた。北海道の探検家として知られる松浦武四郎である。彼は、弘化二年（一八四五）、弘化三年、嘉永二年（一八四九）の三度にわたって、北海道の地形、地名、動物、植物、アイヌの暮らしぶり、松前藩による蝦夷地支配の実態などを訪ね、その見聞記をまとめて、嘉永三年、それぞれ『初航蝦夷日誌』全一二冊、『再航蝦夷日誌』全一四冊、『三航蝦夷日誌』全八冊に整理して刊行した。自ら「北海道人」という号を用いるほど、その風土とアイヌに密着した視点からの感想も随時、挟まれている。

江戸中後期、紀行文は、博物学的関心を含む地誌全般に及ぶ見聞録に発展し、随時の所感を挟み、むしろ雑記や雑誌と呼んでよいような内容になっていった。それが読み物として刊行される際には、案内記のようなかたちもとった。観察記録に図を伴う場合も多くなる。が、これは本草の発展だけでなく、庶民向けの絵入り本の展開とともに考えてみなくてはならないことだろう。

御畳奉行の日記

暮らしの日記に目を転じよう。元禄に戻って、尾張藩の武士の日記を紹介しよう。本人の暮らしぶりも食事の献立など実に詳しく書きとめてある。が、それにとどまらない。異色中の異色の日記である。

元禄一三年（一七〇〇）、尾張藩の御畳奉行になった朝日重章《しげあき》（文左衛門）の日記『鸚鵡籠《おうむろう》中記《ちゅうき》』は、就任以前の元禄四年から享保のはじめまで、業務記録はそっちのけで、自身の日々の雑事、飲食から心中・盗難・殺人・姦通など巷間の事件、中下級武士層に迫りくる生活の逼迫まで、実に実に克明な記録である。今日、『元禄御畳奉行の日記』として知られている。題材の選択も、ところどころに漢文を用いる文体も、のちの書き入れもまた恣意にまかせている。毎日記すことを自ら課してもいない。

題名は、自分を籠の中のオウムにたとえ、出来事をただ紙の上で繰り返すだけ、という意味だろう。つまりは記録に徹している。

第四代藩主、吉通の大酒と愚行や、その生母、本寿院の淫乱についての風評もかなり詳しく記している。本寿院は幕府の命令で尾張藩の江戸屋敷、四谷邸に蟄居謹慎を命じられ、一騒動起きる。が、どちらも実際は、諸説あって定めがたい。

一体全体、なんのために？　好き好んでのことにちがいないが、「筆のまに〳〵」では、すみそうにない。朝日重章の克明な記録の意図が不明とされ、要するに「記録魔」と評されてきた。が、これは、狭い藩内ではあるが、その稗史とでもいうべきものを残そうとする意図によるもの、とわたしは想う。

鎌倉初期、村上源氏出身の刑部卿、源顕兼《あきかね》の説話集『古事談』が、貴族社会の逸話・有職故実・伝承などに材を取り、皇室関係の醜聞風評をも記していたことも知られていたろう。『古今著聞集』にも「好色」の部立があった。それらは史書の末端を意識したもので、史書は前代の教訓を汲むためのものというタテマエによる。

朝日重章は、そのタテマエに従ったまでで、刊行することなど考えもしなかった。『鸚鵡籠中記』は、藩の祐筆によって清書されたと思われるものが長く秘蔵されていた。風聞の類も民意の有り様を示す貴重な記録と認められていたゆえだろう。

大田南畝『細推物理』

大田南畝《なんぽ》の享和三年（一八〇三）の日録、『細推物理』の正月一九日には、曲亭馬琴や山東京伝らが来訪、芸者を連れてきた者もいて「三味線を弾かしむ」とある。連日のように好事家仲間と飲み食いし、遊んだ記録がつづく。ときに狂歌狂詩に耽《ふけ》る。

大田南畝は、下っ端の役人で、鋭い風刺の狂歌に活躍していたが、寛政六年（一七九四）、「学問吟味登科済」が創設されたのを機に受験し、甲科及第首席合格となり、二年後には支配勘定に任用され、享和元年（一八〇一）、大坂銅座へ赴き、銅山の中国での呼び名「蜀山」にちなんで、蜀山人を名のり、狂歌を再開し、江戸に帰っていた。

『細推物理』は、そののち、文化元年（一八〇四）、長崎奉行所へ赴任するまでのあいだ、すなわち五六歳のときの日録である。もののしい題の下に、もっぱら遊びを記録し、勤務については記さないことにしていたらしい。

彼が大坂に勤務につくため、五三歳で東海道五三次を西へ下ったときの紀行文『改元紀行』の末尾は、次のように終わっている。

すべておほやけの事をはぶきて、わたくしごとのみしるせり、文つたなく、筆とどこほりて、事もまたくだくだし。わが子孫たらんもの、あなかしこ、おぼろげの人にしめす事なかれ。

この「おぼろげの人」は、不確かな人の意味でよい。せっかく松平定信が綱紀粛正と引き換えに行った人材登用試験に受かって、滑稽本で糊口を凌いできた自分が官職につけたのだから、めったな人に見せてはならじ、と。

江戸時代の文人は、武士から転じた人が多い。だが、南畝は逆だった。公務は公務でしっかり勤めるが、プライヴァシーは別である。先にふれたように、狂詩狂歌に遊ぶこともしばしばだった。告げ口され、引っ掛けられれば、それで職はふいになる。なお、天明狂歌の風刺は、並大抵のものではない。ときに矛先は自分自身に及び、セルフ・パロディー（自己戯画化）を越えて、自己破壊に至るほどの自虐が覗くこともある。まさに狂歌である。四方赤良《よものあから》が代表格である。すなわち南畝。

式亭三馬《しきていさんば》の黄表紙『封鎖心鑰匙《びんとじょうまえこころのあいかぎ》』は、享和二年（一八〇二）の刊行である。「心に錠を掛けて用心せよ」と表向きは自律の教訓を説くふりをして、何に用心するかは知れている。山東京伝が寛政三年（一七九一）に、洒落本『錦之裏《にしきのうら》』など三作を刊行し、一旦、入牢させられたのち、町奉行から「手鎖」五〇日の刑を申し渡されたことはよく知られる。その京伝も、このころには、江戸時代の風俗の起源や変転を考証する随筆を手がけていた。彼らは表向きの仕事はがらりと変えたが、仲間うちの遊びはつづいていたことが、『細推物理』からよくわかる。

曲亭馬琴の日録

ここで天保期の曲亭馬琴の日記を覗いてみよう。天保三年（一八三二）二月一五日記事。

一予、八犬伝八輯自序二丁半、稿之〔これをかうす〕。然《しかれ》ども再思（し）、尚《なほ》未穏処有之〔いまだ穏やかならざるところこれあり〕、依之〔これによりて〕、此二丁半又不用〔もちゐず〕、明日又書直スべし。今夕、四時過《すぎ》就寝。

変体漢文の部分は書き下した。次は、それから四年後、天保七年（一八三六）二月二七日の記事より。

同刻、丁字屋平兵衛案内にて、書家董斎盛義来訪、予、初て対面。手みやげ贈らる。外に、生《なま》医者同道、是は見物人也。

同三月一五日の記事。

八犬伝九輯十五の巻、百十八回、本文正味十七丁の内、つけがな残り、稿し畢《をはる》。其後、読みかへし、脱誤補文いたし、夜に入、又読みかへし、見遺し誤字を補ひ、四時過より就枕。短夜に付、程なく睡眠。今日両度の客、いづれも長談に付、筆とるいとまを費し、不都合の至り也。

馬琴は推敲に推敲を重ねた。清書係の人がいて、誤字や、前後の脈絡がおかしいところを直し、馬琴にみせる。馬琴は、また、それを書き直させるという具合で、まるで二人三脚のようにして、『八犬伝』が進んでゆくことが日録からわかる。睡眠時間も不規則になる。人気商売だから、来客もことわらない。見物人もついてくる。その愚痴を日記に漏らしている。愚痴といえば、妻のヒステリーの凄さも書いている。これには自分が至らないためと繰り返しているが、それによって原稿が遅れたことを書く。つまり、身のまわりのことを書いても、最後は、仕事のはかどり具合の記載に終わる。馬琴の日記は、その意味で業務日誌なのだ。

曲亭馬琴『燕石雑志』（文化八年、一八一一）は、古今の風俗・伝承についての撰述書で、文献を博捜し、考証ごとが多い。挿絵を交えた大判で、読み本、戯作類より格上の書物である。同類のものは、文化期だけで、柳亭種彦『還魂紙料《かんごんしりょう》』（一八一二）、山東京伝『骨董集』（一八一四～一五）など著名なものが並ぶ。

民間のものとは別に、江戸中期に新井白石がつづった回想『折たく柴の記』（享年元年、一七一六ころ）、文政期に、松平定信が老中辞職後、幕末の政治、経済、自然現象、世態人生の種々相を、寓意や心の機微を滑稽、風刺をもたせて軽妙な雅文体でつづった『花月草紙《かげつそうし》』六巻（一八〇〇前後）は、今日、近世随筆の代表にあげられている。

『枕草子』の例の香炉峰の雪の一段をもじって、何も自分で立って御簾《みす》をあげたりせず、童などに「かかげたまへよなど、ほのかにいひしこそよけれ」と清少納言をたしなめる段もある。

新刊案内

2016年9月

平凡社

改訂新版 日本の野生植物 3
バラ科～センダン科

編＝大橋広好、門田裕一、邑田仁、米倉浩司、木原浩

日本を代表する植物図鑑、30年ぶりの大改訂。遺伝子解析にもとづく系統分類体系APGⅢ・Ⅳを採用し、旧版の知見に新しい情報を付加。カラー写真もすべて一新した第3巻。（全5巻）

22000円+税

山梨県早川町 日本一小さな町の写真館

鹿野貴司

南アルプス山麓の、人口1100人あまりという日本最少人口の町・早川町には、日本の山村の原風景とも言える美しい四季の自然がある。その魅力を余すことなく紹介する写真集。

3800円+税

オランダのモダン・デザイン
ートフェルト／ブルーナ／ADO

監修・著＝ライヤー・クラス、新見隆

20世紀オランダ・デザインを代表する、リートフェルトとディック・ブルーナ、そして独創的な玩具リーズADO。シンプルで人間性溢れる、彼らの世界を紹介。同名展覧会図録を兼ねる。

2315円+税

WAN MAGAZINE
.45 2016 秋号

有吉京子ほか

英国ロイヤル・バレエの来日公演を特集。サラ・ラムや新プリンシパルに任命された平野亮一、高田茜も登場！　パリ・オペラ座のオニール・八菜や「エトワール・ガラ」のレビューも。

1000円+税

太陽 日本のこころ243
い
ふれる禅のこころ

監修＝中山喜一朗

思わずニンマリするユーモア溢れる作品を数多く残した江戸時代の禅僧で画家の仙厓。○△□や円相図、ゆるっとしたキャラクターが登場する作品まで、仙厓の魅力が満載の一冊！

2400円+税

平凡社
［新装版］
アラスカの王者

オーロラ、雪どけ、白夜、吹雪——6年間、共に旅を続け撮影されたグリズリー（ハイイログマ）の親子と大自然の姿。生涯、野生の視点から動物を追い続けた写真家の第一写真集。

1500円+税

統的に日記好きだといわれるのは
古代の天皇の日々の行動を記録した
にまで遡り、日記文化の広がりの変遷を
どっていく。

860円+税

での食とは、心が安
ることにあったのでは
に活躍した著名人30名の
つきを探る。

820円+税

む。19
アの広が
布を辿る。

3100円+税

平凡社ライブラリ
病《やまい》短編小

・ヘミングウェイ、
W・S・モームほか
監訳＝石塚久郎

結核、ハンセン病、梅毒、神経衰弱、不眠、鬱、癌、心臓病、皮膚病——9つの病を主題とする物語14編。最も個人的な出来事の向こうに、時代が社会が、文化が立ち現れる。

1400円+税

〈シリー
出

編＝横田冬彦

近世、本をつくり売り（貸し）広めるシステムができて以降、版元や書商、教団や学派、教育また統制など、このしくみに多様な利害関心をもって参入する、多彩なファクター。

3200円+税

硯
東京精華硯譜《きょうせいかけんぷ》

楠文夫

端渓に代表される中国古硯は、中国文化の粋である書道において最重要であり、同時に美術品蒐集家にとって垂涎の品である。著者が長年にわたり集めた貴重な蒐集品を一挙公開。

12000円+税

〈10月刊行予定〉

福田尚代作品集（仮）
造形と回文

福田尚代

現代美術家にして回文作家である著者の二つの顔を総合した初の驚異の作品集。国立新美術館と都現代美術館双方に選ばれる作家は稀であり、浅田彰、都築響一など熱讃者も多い。

予価3000円+税

声と文学
ルソー、ヴァレリーからドゥボール、初音ミクまで

編＝塚本昌則、
鈴木雅雄

『〈前衛〉とは何か？〈後衛〉とは何か？』『写真と文学』に続く、文学史・文学概念の脱構築を試みる共同研究の第3弾。今回のテーマは声＝音。録音技術と文学の関係までをも問う反文学論集。

予価3800円+税

改訂新版 日本の野
APG III・IV対応

寛政期に、その定信の命を受け、古文化財を調査し、図録集『集古十種』や『古画類聚』の編纂に従事した画師、谷文晁《ぶんちょう》も、晩年は享楽に耽り、馬琴らと古書画や古器財などを持ち寄って楽しむ好古・好事の者の会合「耽奇《たんき》会」に加わっている。その図録、考証を山崎美成《よししげ》がまとめた『耽奇漫録』（一八二四〜二五）もある。

曲亭馬琴の考証もののひとつに、江戸中期から後期にかけての「物語草紙の類」に浄瑠璃の丸本（台本）を加え、その作者について故事を交えて評論する『近世物之本江戸作者部類』がある。その著述が天保四年（一八三三）の初冬から一年余りでなされたことは、彼が克明につけていた業務日誌からわかる。並行して、中国の伝奇、志怪小説の流れを編む計画をもっていたが、これは実現しなかった。中国の伝奇、白話小説の流れを汲む系譜意識が歴然としている。が、これらは依頼主があっての仕事であり、その系譜意識は、ひとり、馬琴の独創によるものではない。ついでに、江戸時代の生涯の回想記、自叙伝の類をあげておく。江戸前期には、漢文の山鹿素行『配所残筆』（延宝三年、一六七五）、雅文体の新井白石『折たく柴の記』、江戸中期の禅僧、白隠慧鶴《はくいんえかく》の狂禅体といわれる漢文の『壁生草《いつまでぐさ》』、後期には候体の松平定信「宇下人《うげのひと》言《こと》」（文化一三年、一八一六ころ）、べらんめえ調（江戸下町庶民層の口語体）で記された勝小吉『夢酔独言』（天保一四年、一八四三）などなど。それぞれの様式だが、自らの事績を回顧し、学統や子孫に教訓を残す意図において系譜は辿れる。

暮らしの日記が、記録を越えて、いわば随筆風に展開する例もある。『井《い》関《せき》隆子《たかこ》日記』がそれである。彼女は九段坂下に屋敷をもつ旗本の妻で、その二度目の夫と死別後、物語をいくつも手掛けていたが、最晩年、天保一一年（一八四〇）の五六歳から天保一五年、六〇歳までの日々につづったもの。第二次世界大戦後に刊行され、珍しがられた。

むね〳〵しきことは公《おほやけ》に記《しる》され、はたさらぬ事どもゝ、世の人の賢《かしこ》き筆におのがじゝ記《しる》すべかめれば、とりたてゝ何ごとかいはれむ。然れどもつれ〴〵なるものゝすさびには、はかなき事をも記《しる》しつゝ、心をやるよりほかの慰《なぐさ》めなむなき。

この天保一一年一月一日の冒頭からして、すでに随筆の構えは明らかで、同年二月一二日条に「こゝの幼《をさな》き人の、其子どもなどの末《すゑ》の世に、此家の今の有かた、世の中のことなどもいさゝかしらむためにとて記しおけど」（子孫に読ませるためといっても）所詮は紙魚の住処などとあるのは、型どおりの措辞にすぎまい。衣装、髪形など男女風俗の移り変わり、諸事万般に及ぶ批評を和文体で展開する。

昔《むかし》方違へ、はた物忌などゝて、高きいやしきおしなべて、いみじくおそれつゝしみしことなるを、今はさる事いふ人もなし。……己《おの》れは若き時より、さる忌《いみ》事、すべていさゝかもせざりしかども異なることなく、さる忌《いみ》事せし人よりも中〳〵に、命ながら幸《さきは》ひあり。方違えや忌み事など迷信と退けている。そんなもの信じなくても、自分は長生きしてきたという。それは陰陽道のもの。また僧侶も「皆世渡る業」で「人をすかし、扨《さて》物とらぬはなし」、いわばインチキ商売と退けている。ずいぶんと近代的な合理主義に徹した人だったように思われる。

吉宗が享保の改革で風俗引き締めと引き換えに、キリスト教関係を除く蘭学書を解禁し、また地誌など清朝実証主義も浸透、朱子学合理主義も進んでいった。その「事実につく」姿勢は、考証ごとを盛んにし、幕末には、蘭学の会も身分を問わずに開かれており、入会の条件の申し合わせとして「随筆」、すなわちリポートの提出が義務づけられていたという。そのように事態が進展していった結果、聡明な女性のなかには、このような態度も養われたか、と感心させられそうになる。だが、まちがえてはいけない。

「阿蘭陀の学《まなび》とてとりわきする人あり」、蘭学を特別に尊重する人がいるが、とはじめて、天地のことのすべてを数量化し、わかったようなことをいうのは受け入れがたいという。蘭学者の指導者と目されていた渡辺崋山が天保一〇年（一八三九）五月の「蛮社の獄」に下ったことも、当然だという。文政一一年（一八二八）のシーボルト事件——オランダ商館付の医師、フィリップ・フランツ・バルタザール・フォン・シーボルトが帰国に際し、国外持ち出しを禁止されていた伊能忠敬の日本地図などを持ち出そうとしていたことが発覚、それを贈った幕府天文方・書物奉行の高橋景保ほか十数名が処分された事件——については、景保が獄死したことを、売国奴は死んで当然のように語っている。

幕臣の娘として育ち、幕臣に二度嫁いだ立場ゆえということもあろう。だが、彼女は「万の国に優れたる日の大御神の本つ国なることをなべて世人のしるべくなりにたる」ことを嘆いている。その態度の根本は、彼女が「御国《みくに》の学《まなび》」、とりわけ本居宣長を信奉していたからである。そうでないものは、儒者はもちろん、宣長の後継者を自称した平田篤胤の説をも「僻事《ひがごと》」のように退けている（天保一三年三月一八日条）。

「国学」、とりわけ本居宣長の学問を実証主義とみなす人がいるが、どのような実証主義も、自己相対化の立場を欠けば、イデオロギーを払拭できない。一体、何を実証しようとしているのかを問うことが肝心だろう。そして、その論述のしかたをも。

「随筆」の用法

江戸時代を通じて、旅日記も暮らしの日記も、考証ごとや批評的な文章を交え、今日いう「随筆」的要素を豊かにしてゆく傾向にあった。だが、日本語で「随筆」の用法は、その中身がなかなか定まらなかった。

その嚆矢は、室町時代、一条兼良が『古事談』『十訓抄』『大鏡』などから逸話や伝承を抜き書きした『東斎随筆』だが、ややのち、俳諧師、荒木田守武が、恋にまつわる滑稽な巷談を集めたものが『守武随筆』と呼ばれ、また、江戸前期、京都の医師、中山三柳が引退後、奇譚類や歴史考証をつづった書物を『醍醐随筆』と名づけている。

そして、江戸後期、「国学」の系統では、本居宣長が折々に題材を選んで論述する『玉勝間《たまかつま》』のようなものが「随筆」と扱われている。

本居宣長、塙保己一を師とし、『群書類従』の編纂にもかかわった石原正明が寛政一三年～文化二年（一八〇一～〇五）の五年間に記した『年々随筆』六巻の第一巻に、『枕草子』を「随筆」の筆頭にあげ、『徒然草』は評判は高いが、「道心がましく、さかし立たる」ところ、やかましく道徳を説き、物知りぶっていると非難しつつ、だが、納得のゆくところもないわけではない、と述べているところがある。その含意は、

随筆は、みきく事、いひおもふ事、あだごとも、まめごとも、よりくるにしたがひて、書つくるもの
（見聞、思想言論、たわむれごとも真面目なことも、心に浮かぶままに書き付けるもの）

と述べ、それゆえ、よく知っていることも、忘れてまちがうことも、浅い意見や大雑把なことも交じり、文章も拙くなっても修正したりしないので、筆者の心意気も才能の程度も見え、な

かなか面白いと述べ、即興的な記述の面白味を指摘している。

これは、しかし、本居宣長『玉勝間』が考証として、当然踏まえるべきものを引いていないという論難に対する反駁につづいてゆく。いささか身びいきゆえ、という感もある。この「随筆」の用法が当時、どの程度ひろがっていたかは定かでない。

江戸時代の古典分類

次に江戸後期に、室町時代あたりまでの古典が、どのように分類されていたか、簡単に見ておこう。大坂の儒者で「国学」も学び、和漢の書によく通じた尾崎雅嘉が、古代から江戸時代までの刊本一〇七七部、写本六五二部を分類解題した『群書一覧』六巻（享和二年、一八〇二）がある。その〈和書部三〉には「物語類」「草子類」「日記類」「和文類」「紀行類」の五類を立て、「物語類」では『竹取物語』からはじめて、「うた物語」「つくり物語」を区別することなく、「物語」とつく書物とその注釈書をあげ、『今昔物語』『宇治拾遺物語』『和泉式部物語』も、ここに立項している。一月から一二月まで一年の景色の変化を説く『四季物語』一巻（写本）は、鴨長明の作であることを疑っていない。だが、その次には、ほぼ同じ趣向の『歌林四季物語』（一二巻）をあげ、桑門、蓮胤と長明の法名で署名があるものの、これは偽書としている。根拠は示していない。今日では、ともに長明に仮託した書と判定されている。

「草子類」には、『枕草子』『徒然草』とそれぞれの注釈書を並べ、『御伽草子』なども加えている。「日記類」には『紫式部日記』『かげろふ日記』『弁内侍日記』『讃岐典侍日記』などを並べているのは、名前に寄りかかっているように見える。が、『方丈記』とその注釈書も、ここに分類している（第三章冒頭に述べた）。これは、その前半に着目し、一定期間の記録という扱いであろう。足利義教《よしのり》の『富士御覧記』、宗長『日記』二冊も、ここに入れている。「和文類」には、水戸光圀の撰になる日本の名文集『扶桑御葉集』など集成類を掲げ、「紀行類」は『土佐日記』よりはじめているが、菅原道真の著とされていた『須磨記』、清少納言の手になるとされていた『松島日記』には偽書の疑いをかけている。ともに本居宣長が『玉勝間』で偽書と断じていた。

阿仏尼『十六夜日記』の次に『長明道の記』『長明海道記』（ともに刊本）の二冊をあげ、前者は『東関紀行』の誤りと指摘し、鎌倉初期の下級貴族、源《みなもとのちかゆき》親行の著と推定している。後者も、親行の父で大和守をつとめた源光行《みつゆき》の作ではないか、としている。

もうひとつ、よく知られる塙保己一による『群書類従』目録を参照してみよう。これも私撰だが、江戸幕府や諸大名・寺社・公家などの助力を受けて収集したもので、塙保己一歿後も幕末を越えて、編纂事業は一門によってつづけられた。当時の、そして、そののちに至る準公式的な分類意識の目安になろう。

全体を日本的類書の伝統にそって、「神祇部、帝王部、補任部、系譜部、伝部、官職部、律令部、公事部、装束部、文筆部、消息部、和歌部、連歌部、物語部、日記部、紀行部、管弦部、蹴鞠部、鷹部、遊戯部、飲食部、合戦部、武家部、釈字部、雑部」に分ける。「文筆」は漢詩文。「物語」部と「管弦」部とのあいだに、「日記」部と「紀行」部を立てている。

その「日記」の部は、平安時代のものでは『和泉式部日記』『紫式部日記』『讃岐典侍日記』、鎌倉時代では『弁内侍日記』『中務内侍日記』と五篇を並べ、そのあとに、室町時代に二条派を率いた僧、尭孝《ぎようこう》の文安三年（一四四六）の日次記『尭孝法印日記』、安土桃山時代の薩摩藩の武将、黒斎玄与が京都に滞在した折の『玄与日記』（一五九七）、室町時代の連歌師、宗祇の弟子、宗長の最晩年の日常生活を記した『宗長手記』（一五二二〜二七）の三篇を並べる。いずれも和歌や俳諧で知られる。「歌日記」の部類にあげているらしい。国学者流の分類である。

ところが、『土佐日記』『更級日記』や阿仏尼『十六夜日記』は「紀行」の部に入れてある。その紀行部は、筆頭に『土佐日記』をあげ、同じ三二七巻に、平安時代の僧、増基の私家集で、巻頭に熊野詣、巻末に遠江への紀行の歌日記をもつ『いほぬし』（庵主の意味で増基の号）を載せ、以下、治承四年（一一八〇）、高倉上皇の厳島詣に随行した土御門通親《つちみかどみちちか》の『高倉院厳島御幸記』、建仁二年（一二〇二）、藤原定家が後鳥羽院の熊野行幸に随行した紀行文『後鳥羽院熊野御幸記』、また『海道記』、平安初期の高野山の阿闍梨、道範《みちのり》が火災の責任を取らされ、讃岐に七年間、配流を受けたときの日次記『南海流浪記』、阿仏尼『うたゝねの記』、さらに、南北朝時代の歌人、今井宗久の紀行文『都のつと』、南北朝時代、南朝方に追われ、美濃の国、小島に難を逃れた北朝の後光厳天皇に仕えるために病をおして駆けつけた関白、二条良基《よしもと》の仮名日記『小島のくちすさみ』(一三五三) などなど、三四〇巻の計一四巻に、エピソード豊かな種々雑多の三四本が並ぶ。その間に、『更級日記』『東関紀行』『十六夜日記』、細川幽斎が秀吉の九州平定の軍に遅れて加わった際の『九州道の記』、木下勝俊 (長嘯子) が文禄の役の際、肥前に向かう道中で記した『九州道之記』なども挟まれている。いずれも和歌で知られる。

「雑」部には、『古語拾遺』『日本国現報善悪霊異記』『十七箇条憲法』など、先の分類項目におさまらないものを並べるが、『枕草子』『方丈記』『東斎随筆』もここにおさめている。『かげろふ日記』『徒然草』の名は、どこにも見えない。

江戸時代、「随筆」という語は飛び交っても、分類概念としては、成立していなかったのである。「日記文学」は、いうに及ばない。

第五章　近代の日記

日記に近代化の諸相を読む

黒船「襲来」の衝撃から、幕末維新、内乱状態を経て、帝国憲法発布に至る過程については、これまで絶えず、だが、そのときどきの価値観によって、さまざまに論議されてきた。そのなかで、多くの外遊日記や政治家の日記などが取り沙汰された。そこに欧米事情を紹介する記事は溢れているが、前近代のうちに、中国に渡った人びとの見聞記とはちがい、今日、当地の人から珍重されるような記事は少ない。すでに欧米では、ジャーナリズムが発達しており、日本人の外遊日記も、そこからネタを仕入れていることが多いからである。

そのなかで、日本の近代国民国家への転換を刻んだ「日記」、いや、範囲を書物にひろげてもよいが、その筆頭にあげるべきは、岩倉使節団の『特命全権大使 米欧回覧実記』よりほかにない。なぜなら、そこには、彼らが国民国家とはいかなるものかを学んだ跡がはっきり記されているからである。そのほんの一端を紹介し、その意味を考える。

『米欧回覧実記』は明治一〇年代には、識者のあいだで読まれた。ところが、鹿鳴館に代表される欧化政策が、自由民権運動のナショナリズムによる攻撃の標的になり、和学、漢学の復興ブームが興ると顧みられなくなる。近代文化史の最初の転換点が、ここに示されている。

幕府方で戦った大方の没落士族の職探しは困難を極めた。幼少期から藩校で読み書き能力を養っていた彼らの多くは、教員や新聞記者、また文学者になっていった。明治期のジャーナリズムや小説に、新政府への反発が溢れているのは、そのせいである。ここでは、そのなかで、比較的温厚に暮らしをつづけることができた紀州藩士の娘、川合小梅の日記を覗いてみる。もうひとつは、藩閥のひとつ、土佐藩士の息子として育ちながら、自由民権運動に活躍した植木枝盛の日記をとりあげ、その文化史上の意味を検討したい。

そして、庶民の日常生活が実際に様変わりしてゆくのは、日清戦争（明治二七～二八年、一八九四～九五）を前後する時期からといってよい。日記帖が発売されたのも、そのときである。それには、どのような意味があったか、考えてみたい。

明治後期の国民各層の日記の実態に接近するのに、好都合なサンプルがある。俳句雑誌『ホトトギス』が明治三三年（一九〇〇）から数年間、読者から「週間日記」及び「一日記事」を募集し、選んで掲載した。実社会で働く知識層から、紛れもない庶民の日々の暮らしまで、その書き方が一望できる。その後の日記の変貌を知るためにも紹介に力を注ぎたい。

『米欧回覧実記』

維新政府設立の立役者のひとりで、当時、副首相だった岩倉具視《ともみ》を正使とし、政府首脳や行政官、留学生を含む総勢一〇七名で構成された使節団が明治四年一一月一二日（一八七一年一二月二三日。明治五年一二月に改暦）に横浜港を船出し、先進一二ヵ国を歴訪、明治六年九月一三日に帰国するまで六三二日に及ぶ長旅だった。岩倉具視は、幕府が各国と結んだ不平等条約改正のための特命全権大使を兼ねており、条約改正は使節団内部の分裂もあり、最初の訪問国、アメリカで挫折したものの、一行は、各地で公式に歓迎を受けた。それは日本が近代国家として国際的に認知されたことを意味する。

岩倉具視は、書記官として杉浦弘蔵（のち、畠山義成）と、佐賀藩士の息子で政府の権少外史（下級の外記史生）、久米《くめ》邦武《くにたけ》のふたりを任命した。久米が任命されたのは、使節団の派遣を最初に建議した大隈重信の推薦によるもの。岩倉の通訳を杉浦がつとめ、久米が記録を担当。その記録をもとに、太政官少書記となった久米邦武が編修し、明治一一年（一八七八）一二月、大規模な国家事業の公式日録が『米欧回覧実記』全一〇〇巻（五篇五冊）が博聞社より刊行された。

各国ごとに総説を設け、建物や都市の風景などの銅版画をふんだんに用い、あらゆる分野にわたって見学した内容を書き留めている。途中で訪問を中止したスペイン、ポルトガルについても略述している。百科事典（エンサイクロペディア）的と称される所以である。近代国家建設という目的にそって、各国事情を広く国民に報告するためのものだった。

とりわけ機械工学の紹介に力を入れ、細部まで記述しているのには驚かされる。これは、副使のひとり、技術立国の大方針を胸に秘めた伊藤博文の意向の反映と見てよい。伊藤は帰国後、工部卿に就任する。

記事には、ときに久米邦武の感想が加えられている。たとえば、明治五年一一月六日、パリのフランス国立中央文書館を見学した折には、次のように記されている。第四三巻「巴黎《パリ》府ノ記」二、記事より。カタカナを適宜平仮名にした。

広大の書房にて、五層の室室に、「エビシ」（ABC）の番号を以て、書籍の標題を部分して蓄蔵す、総数三百万部、其書は棚を以て整頓し……上層の光明、下階に洞達して闇《くら》からず、中央を空《むなし》くし、鉄欄を匝《めぐら》して誤墜を防けり……書を借覧するものあれば、其書名の首字を以て、目録を検し、其番号を記して、楼上に送れば、楼上より即時に之を査出して、釣瓶《つるべ》にて下す……日本書の棚もあり、其内に、慶長年間に翻訳せる、「キリシタン」教（即天主教）の書あり、其文体は極て俚俗解し易き文にて、字様は平仮名を用ひ、曽我物語、太閤記横本をみるか如し、一部数冊の書なり、我邦にては久しき厲禁《れいきん》にて、嘗《かつ》てかゝる板本ありしこと、誰も知る人なき奇本なり

徳川幕府によって長く禁書にされていたキリシタン本の和刻版に出会ったことを報告している。久米邦武は知らない日本に、異国で出逢ったのである。それが一般人にも理解しやすい文体で翻訳されていることも知った。実に簡にして要を得た説明である。和刻本だから横綴じで、

横に寝かせて置いてあったのだろうが、それがあたり前なので、そこまでは記していない。

国家が国内出版物を収集し、諸外国の本をも交えて、国民の閲覧に供する図書館のしくみを紹介している。この方式は、やがて日本の国立国会図書館に応用される。何度もの移転と名称変更を経たのちの今日でも、中空構造を除けば、さほど変わらない。そのあと、支那書の棚、世界地図の棚を見学している。これは、もちろん、ほんの一端にすぎない。各国の優れたところをつかみ、国民国家の在り方を具体的に示唆する書物だった。植木枝盛も明治一四年（一八八一）七月二日に全五冊五円九〇銭で購入していることが、その日記からわかる。

自由民権運動の高揚のなかで、『米欧回覧実記』は見向きもされなくなっていったといわれる。それには、久米邦武の筆禍事件も作用したかもしれない。というより、そのナショナリズムの変調が、久米邦武の筆禍事件を引き起こしたと見た方がよい。

『米欧回覧実記』刊行の翌年、久米邦武は、帝国大学教授兼臨時編年史編纂委員に就任、修史事業にかかわることになった。久米邦武が『史学会雑誌』（明治二四年一〇～一二月）に掲載した論文「神道ハ祭天ノ古俗」を、洋学派の田口卯吉《うきち》の勧めで史学雑誌『史海』（明治二五年一月）に転載すると、神道家の怒りを買い、久米は明治二五年に辞職に追い込まれ、大隈重信に招かれ、明治二六年、東京専門学校（のち早稲田大学）に転じた。

明治二三年、帝国憲法発布に前後して、帝大総長、加藤博之が「国家生存の最大基礎に就て東西両様の比較研究」や「殉国の義」（『加藤弘之講演全集』一九〇〇）などで、近代天皇制を原始的族長制の延長と論じ、だが、その万世一系を強調、家族国家の伝統を論じたときには、まったく問題となっていない。そのとき発明された古来の家族国家論が、新しい国家の基礎になってゆく。久米の論文の内容は、それと必ずしも抵触するものではない。が、田口の紹介記事が神道を原始的習俗のように言い立てたことが引き金になった。開明的な姿勢の久米が帝国大学教授の席に座っていること自体、保守派には目障りだったにちがいない。久米は、退官後にも、江戸時代の儒者たちから弑逆皇子と非難された聖徳太子を「憲法」の創始者として称賛してもいるし、日清戦争勝利を欧化のゆえと総括する先頭にも立った。

その後、『米欧回覧実記』が識者のあいだで読まれるようになるのは、明治百年の記念祭に沸いた一九七七年から八二年にかけて、日本の近代化すなわち欧化という観点から明治期を見直す気運の高まりのなかで、岩波文庫に全五冊（田中彰校註・解説）が収録されてのちのことである。『米欧回覧実記』という明治初期の国家事業の記録の浮沈そのものが、日本のナショナリズムの移り変わりをよく物語っていると思う。二〇〇五年、長州出身の外交官、青木周造の評伝でも知られる水沢周による読みやすい現代語訳版が慶應義塾出版会から刊行された。

『小梅日記』

維新後の欧化の波が、地方の生活に及ぶのは、かなり遅かった。それを如実に示すのが、紀州藩の藩校、学習館の助教、川合鼎《かなえ》と、その妻（辰子）のあいだに生まれた小梅の日記である。彼女は文政二年（一八一九）に、やはり紀州藩士の息子、梅本修を婿養子に迎えたころから、明治二二年、八六歳で亡くなるまで七〇年の長きにわたって日記をつけていた。

小梅は早くに父親を失ったが、祖父からは漢学、母からは和歌を学び、日本画（文人画）も習い、天保四年（一八三三）には、三〇歳で息子・岩一郎（靖之、雄輔）を出産した。夫は川合豹蔵と改名、藩校の督学（学長）をつとめ、息子・雄輔も藩校に勤めはじめる。維新後も旧藩の学問の家の暮らしはそれほど変化なくつづいた。紀州徳川家の治めた土地柄ということもあろうし、彼女の画業が家計を助けたこともあろう。

その日記は、その日の天候を〇の塗り潰し方で示す工夫がしてある。毎日、来客や贈答のメモ、物品の値段なども含め、衣食住に関する彼女の日々の仕事を淡々と記している。士族の、とくに儒者の妻として職務の記録をつけていたのである。地元には、手控えが残っており、それから記事を起こし、清書していたことが確認できる。といっても、身内にわかる程度の記載を越えるものではない。

それでも幕末期の争乱のさまが耳に届く。ロシア船がやってきたことや池田屋騒動のことにもふれている。慶応三年（一八六七）一一月一三日には、天から裸女が降ったり、紙幣や物品が降ったりと庶民が神がかりした「エエジャナイカ」の狂乱――彼女は「ヨイジャナイカ」と記している――の様子をつづっている。むろん、紀州藩士のもとに届く噂の範囲である。

乱世に成時は、いろ〳〵のあやしみあれども、何ぶんにもつゝしみ候より仕方なし。

これが小梅の覚悟である。そして慶応三年の大晦日で一度、日記は途絶える。明治四年（一八七一）六月一七日に夫が七八歳で亡くなっているが、その記事もない。吉宗以降、歴代将軍を出してきた紀州藩である。廃藩置県で分割されたことに対する反発などさまざまにあったことだろう。旧藩内の動きを記した日記は処分されたように想える。

八年間の空白を挟んで、明治九年一月元旦から再開されるが、三一日に息子、雄輔は、小学七等教員を申し付けられ、県立第一九中学区第一二九番西小学校に勤めるようになった。二月一一日の記事に「西村西方寺を学校に取立」とある。そこを仮校舎にして開かれたのだろう。翌日、生徒四〇人余と記されている。雄輔が就職したゆえ、小梅は、この年から日記を遺したのではないか。家作を長屋にして貸し、家賃の収入があった。彼女は画を教えてもいる。生活は比較的安定していた。

明治一〇年二月から官側の雄藩、薩摩に起こった西南戦争についても記している。まず、米の値段があがるという県令の通知が書かれ、官軍の狼藉ぶり、戦の惨状も耳に入る。維新後、職を失った士族とその子弟が多く糊口を私学に求めたから、この南九州一帯にひろがった不平士族の最大の反乱も、私学が拠点になった。雄輔は教員であり、勤めていた小学校にも私学への転身の動きがあった。小梅の一家が関心を集めたのは当然だった。

県令より徴兵がかけられたが、「誰も〳〵いやがり」まならない様子も記されている。それでも徴兵に応じ、母親を川合家の長屋に住まわせる人もあった。すでに明治五年に徴兵令は出ていたが、いわゆる血税一揆が起こったこともあり、兵員が圧倒的に不足していた。それでも彼女は芝居見物に行ったり、祭礼の準備に忙しかったり、日常生活に変化はない。変化といえば、九月一三日の日記に、『和歌山新聞』（明治六年創刊の『和歌山県新聞』と推測される）の九月一日付の記事から米相場や物価、全国的不景気などの記事が写してあることだろうか。新聞一枚の値段と月決めや三ヵ月の購読料も写してある。だが、一〇月二六日の日記に、一〇月九日に出た西南戦争平定の沙汰を回状（回覧板）から写しているところを見ると、九月一三日は、たまたま新聞を覗いたにすぎないようだ。

川合小梅の日記は、志賀裕春・村田静子校注『小梅日記―幕末・明治を紀州に生きる』全三冊（平凡社、東洋文庫、一九七四〜七六）で読める。

植木枝盛日記

　土佐藩士の息子に生まれ、自由民権運動に活躍し、最も民主的な憲法草案を書いたと評される植木枝盛は、明治六年（一八七三）一七歳で旧藩主、山内豊範に書生として招かれ、上京したときから、明治二五年、三六歳を迎えてすぐ、病で突然、逝くまでのあいだ、四種類に分けて備忘録を記していた。ふつう『植木枝盛日記』と呼ばれているのは、巻頭に漢文の自伝「植木枝盛伝」を置き、「生涯日記」「流水日記」と標題を付した活動の覚え書きで、天候を記していないことも多い。『購賕書目日記』は、購入した書目とその日付。『閲読書目日記』は読んだ書目とその期間のメモ。『無天雑録』と題するのは、その日その日の、自分の考えを述べたもの。そのほかに「蓋世録　一名傲慢録　又名天狗経」と題して、日付入りで、自分のモットーとすべきことを書き付けたものもある。短い生涯としては、かなりの分量になるが、自ら「傲慢」「天狗」と称した彼の自意識とかかわる。

『植木枝盛日記』の全体は、実にそっけないメモ書きである。上京してからのちは、熱心に勉強を積んでいたことがよくわかる。明治八年五月に明六社に通いはじめ、福沢諭吉に傾倒して、三田にも行き、キリスト教会の牧師の説教もよく聞きに行っている。足しげく「書籍館」（上野の帝国図書館）に通う。たとえば明治九年七月には、一二日通っている。むろん、終日いるわけではない。その他、新聞閲覧所で新聞を読み、それ以前には貸本屋から書物を借りていることも多い。その間に、人に会い、会合を開き、演説会を聞きに行き、新聞に寄稿する原稿を書き、前の六月には息抜きに堀切菖蒲園に遊びに行ってもいるし、宴会にも出ている。

民権運動の活動家になってからは、人気のある弁士として、各種会合や演説会に地方都市を飛びまわった。明治一〇年には立志社の演説会を盛んに開き、六月には二千人も集まり、会場に入り切らずに混乱を招くとして中止にしたのち、二六日に「精神の独立」を弁じて「傍聴人千人余」とある。明治一三年九月の大阪では、一三日から一五日にかけて三日連続で毎日「千人余」の聴衆を集めている。誇張ではあるまい。真面目な演説に人が集まったのである。

『植木枝盛日記』で、もうひとつ、よくふれられるのは、娼妓を買うことを「召す」といい、その名前とともに記していることである。妓楼に上がったことは、江戸時代の旅日記にも見かける。フランスでもモンテーニュ『エセー』には、しばしば記してある。が、娼妓の名前を書くのは珍しい。植木もはじめから、そうしていたわけではなさそうだし、例外もあるが、本名を添えている場合もある。馴染みになるためでもなさそうなので、一種の自分流にしていたようだ。一個の人間として認めていた証かもしれない。

明治一三年九月一三日は、先にふれた大阪での連続講演会の折。次のようにある。

夜千日前席にて演舌をなす、男女同権論をのぶ。菊栄妓を召す。

今日のわれわれの感覚では首を傾げることになる。植木は早くから廃娼論をぶっていたようにいわれるので、矛盾を感じもする。だが、植木が唱えていたのは、公娼制度の廃止であり、古くから海の彼此を問わず、教養を積み、知識層と対等につきあう芸妓があったことは植木も論じていた。だが、植木は公娼制度のもとにいる娼妓を買っているので、やはり自己矛盾といわざるをえない。本人も感じていたらしく、やがて、その習慣は消える。

先に、上京後の植木が、しばしばキリスト教会へ牧師の説教を聞きに行っていたこと、また福沢諭吉に傾倒していたことを述べた。それらをもとにして、植木枝盛が当時としては理想的な民主主義思想を展開したという見解がしばらく前まで流布していた。これは、第二次世界大戦後、欧化主義が再評価されるなかで、家永三郎らによる植木枝盛再発見がなされた結果である。実のところ、植木は、キリスト教排撃論を新聞でぶったこともある。『無天雑録』から拾うと、明治一二年六月一三日に次のようにある。

○人ハ其レ尊ヒ哉。人ハ億万人ヲ籠絡スルヲ得ルノ智アリ。試《こころみ》ニ耶蘇基督《キリスト》ヲ見ヨ。彼レハ人ナリ。而シテ自ラ上帝ノ一子ト称シ、巧ミニ教法ヲ作リ万人ヲ籠絡シ、今ニ至ル迄欧米国民ヲシテ之ヲ奉ゼシム。

この結論は、「億万の人間皆十分に才智を研磨して之を発達すれば皆耶蘇の如きに至るべく、且つ耶蘇に勝るに至るべし」というものである。実は、ここに植木枝盛の民主主義思想の根底がある。その土台をつくったのは、中国、明代に朱子学が科挙試験のためのものに堕したとして、批判を展開した王陽明の思想、陽明学である。朱熹が「性即理」、人の本性は宇宙の理（ことわり）に従う（はずの）もの、と説いたのに対し、王陽明は「心即理」、人の情を含めた心こそ、理に従う（はずの）ものと説いた。朱子学が、しばしば、天理に従うべきだ、という偏りをもつのに対し、陽明学は、誰でも聖人になれる、と説いていることになる。

『無天雑録』〈明治一〇年〉の巻頭に、明治一三年一二月三〇日に箇条書きにした書き入れがある。そのひとつの冒頭だけ引く。

○志ヲ立ツル須《スベカ》ラク至高至大ナルベシ、天下第一流ノ人物タルヲ期スベシ、古今第一流ノ英傑タルヲ期スベシ、宇宙第一流ノ聖賢タルヲ期スベシ。

「立志」は王陽明のことばである。弟を励ます手紙がよく知られる。

『無天雑録』の「無天」の由来は、『天狗狂』〈明治一四年八月六日〉に記してある。

○植木枝盛ノ曰ク、吾ニ天ナシ、吾ヲ以テ天ト為ス。

先に「期スベシ」とされていた中身が、いつのまにか、自身が体現していることになっている。このような植木枝盛の性癖について、家永三郎は「誇大妄想狂」なのか、それとも戯作的レトリックか、と戸惑いを隠さなかった（「植木枝盛の人と思想」筑摩書房版『明治文学全集12』一九七三）。が、陽明学に染まっていた植木枝盛の悪癖が出たところである。『購賕書目記』〈自明治一〇年〉六月に『伝習録』四冊四〇銭とあり、『閲読書目記』〈自明治一三年〉七月二八日至三一日に『伝習録』全四冊と見える。『日記』にも三〇日の項に「伝習録をよむ」とある。『伝習録』は王陽明の言行録。それ以前、〈自明治一二年〉の五月二日に『大塩平八郎言行録』も見える。天保の大飢饉に大坂で乱を起こした大塩平八郎も、陽明学者として知られる。

家永三郎はまた、自由民権運動が海外膨張論に傾く気運のなかで、植木枝盛は国際協調の立場を守ったとし、枝盛が一五歳のときに、戦を避け、連衡を保つ思想を表明していたことをとりあげ、少年時代から「世界の永久平和を実現しようという雄大な理想をいだいていた」といい、「このような時点でカントの永久平和論を連想させる発想がどこから出てきたのか、深い疑問を禁じえない」と述べている。だが、戦いを避け、連衡を求める思想は『墨子』に見える。植木は、それを当時の国際情勢における平和論として展開したのである。『購賕書日記』〈自明治一四年〉一〇月に『墨子』経訓堂本、全五冊、八五銭とあり、『閲読書日記』〈自明治一八年〉の一月に、これを読み終わったという記録が見える。

だが、枝盛がこれら中国の古典を東京ではじめて知ったとは考えにくい。土佐藩校致道館で学んだものを、もう一度、自分の立脚点を確認するために読み直したのではないか。これらの書目には、西洋近代思想関係のものも多く見えるが、わたしは、植木枝盛の思想は、藩校で培われたものを土台に、それらを受け止めてつくられたとみる。

明六社のときに加藤弘之が天賦人権論を、また内村鑑三や新渡戸稲造がキリスト教を受け止める際に、ともに陽明学が土台としてはたらいたことも彼らの著作からよくわかる。西洋思想を受けとるときに、手持ちのものが受け皿になる。受け止めることにより、受容器の方も組み替えられる。何がどのようにはたらくかは、それぞれの契機によって決まる。そのしくみが日記からわかることも多い。

日記帖の発売

川合小梅や植木枝盛が亡くなってほどなく、明治二七年（一八九四）七月〜二八年三月に、博文館が「懐中日記」を、翌年からは「当用日記」と称して発売したことが知られている。和綴じの控え帖に代えて、携帯に便利な小型の定型版を発売し、大当たりをとり、明治後期に出版、印刷のコングロマリットともいうべき地位を築く経営基盤のひとつとなった。

英語では、日付の入った記述全般に"journal"の語が用いられ、作家など個人の「日記」が公刊される場合でも、この語が用いられていた。"diary"の語は、予定を含めた備忘録用の日付の入ったノート形式を指して用いられた。おおもとは商人の帳簿ともいわれる。「当用日記」は、それにならったものである。その後、婦人用、女学生用など体裁が多様化する。修養の季節（第六章後述）のなかで、古今東西の偉人の名言の類を袖に刷りこむことが定式化してゆく。

警醒社書店も同じ年、「明治廿八年用吾家の歴史」と称する日記帖を発売した。タイトルからわかるように家族の記録のためという性格を狙いにしたもので、背景には民法制定（施行は明治二九、三一年、一八九六、九八）に向けた動きがある。この民法制定には、江戸時代に各層に発達した「家」の繁栄を至上の目的とした大家族制を解体し、血縁の家族に絞り、長子相続制の新たな「家」制度に再編しようとする狙いがあった。血縁制はかなり浸透したが、長子相続に関しては、長男の立身出世を優先し、廃嫡するなどの抜け道を利用し、次男が家督を相続するケースも多く見られる。養子の習慣も長くつづいた。

この時期以降、近現代の「日記」の特徴を「商品化された日記帖の時代」ととらえる向きがあるが、外面的な現象にすぎない。実際には、自身の感情の起伏を書いたり、思索の跡を残したりする記載が常態化すると、記載欄が決められていることを嫌い、各種の手帳、ノート類に記すことも多い。そのような変化が起こる以前、二〇世紀への転換期の国民各層の日記のかたちと内容のあらましを見ておきたい。

明治後期、各階層の日記

明治政府は、公用文を硬い漢文書き下し体とし、明治一〇年代半ば、一八八〇年代には、日本の古典と並んで、古典漢文の復興気運が生じた。が、これは読書や学習内容においてのことで、私的な記述では漢語及び漢文的表現をやや増加させたくらいではないか。官庁や学校、庄屋層、職人や商店の職務・業務の習慣は江戸時代とさして変わらないまま、会社の管理職などにひろがってゆくと思われる。漢文書き下しを、漢語や漢文の返り読みなどを減らして和文体に近づけた「〜なり、〜たり」止めの「明治期普通文」が多く用いられた。「漢文崩し」とも呼ばれる。行事や出来事の記録のあいだに、当人の毎日の生活ぶりを覗かせる記事、また「驚いた」、「これは前代未聞のことであり、どう対処すべきか苦慮する」などの感想や考察などが差し挟まれるのは、自然な成り行きで、江戸時代までとさほど変わらない。

知識層から庶民の日々の暮らしの記録まで各層の日記の実態は、明治後期、すなわち二〇世紀への転換期に、俳句雑誌『ホトトギス』が読者から「週間日記」及び「一日記事」を募集し、掲載したなかに、よくうかがえる。明治三〇年（一八九七）一月に松山で創刊された『ホトトギス』（表記はさまざまに変化する）は、明治三一年一〇月、第二巻一号以降は東京で、正岡子規の指揮のもと、高浜虚子によって刊行されていたが、第三巻一〇号（明治三三年七月一〇日、掲載記事の日付から実際は七月下旬刊行と推定される）に誌面の刷新をはかることを予告、そのひとつに、これまで行ってきた「小品」募集が陳腐になったため、一週間の日記を募集することを打ち出し、次のように投稿を呼びかけた。

一、各日多少の記事あるべき事。

一、記事は、気象、公事、私事、見聞事項、又はそれに関する連想議論等凡て某日に起こりたるものに限る事。
一、事実ならぬ事を事実の如く記すべからざる事。
一、文体は随意の事。
一、詩歌俳句等を用うるも妨げざる事。

次号では、「一日記事」の投稿を呼びかけ、交互に掲載することを明確にした。正岡子規は、短歌の改革と、「俳諧」という呼び名を「俳句」に変え、「文学」すなわち言語芸術のひとつに変革する運動を主導したことで知られる。彼が三宅雪嶺率いる『日本人』第三九号（明治二九年一一月）に掲載した「文学」（越智虎之助名義）の冒頭に、その姿勢は明確に示されている。そして、散文の変革にも意欲的に取り組んだ。

『ホトトギス』は第二巻より、門下の俳人たちの俳句や俳句に関する文章、また高浜虚子「浅草のくさ〲」（明治三一〜三二年）など随筆的な文章や美術評論なども掲載し、「雲」（第二巻二号）、「山」（同三号）、「犬」（同四号）など、漢字一字の題を課して門下の人びとが試みた散文を掲載した。この年、暮ころより病床の子規の枕頭で「山会」と称する文章批評の会が開かれていた。この「課題文章」を読者からも募集し、掲載したのが、先の「小品募集」である。つまりは、題を与えて俳句と短文を募集したのである。「小品」は徳川時代より短文一般を称していう名で、漢文のものもいったが、夏目漱石「永日小品」（一九〇九年一月）などが知られる。それこそ「随筆」の典型のようにいわれるが、創作や散文詩のようなものも含んで用いられた。実際に「随筆」の概念がひろがるのは一九二〇年代であり、それによって「小品」は、ほぼ駆逐される（後述）。

明治二〇年代半ばから中学生を対象とした投稿専門誌が大いにふるい、たとえば博文館の『中学世界』は明治三二年で発行部数ほぼ九二万部（警視庁統計表による。ただし、申告制で、同社の『太陽』は、ほぼ二倍に嵩上げしている）という盛況をみせていた。このやり方を俳諧革新運動に導入したもので、読者の開拓、確保の意味が大きかったと思われる。与謝野鉄幹の短歌雑誌『明星』（明治三三年四月創刊）も投稿欄を設け、そこから晶子らが登場し、隆盛を誇ったことは、よく知られる。

実際のところは、小品募集の企画を陸羯南の率いる『日本』に譲ったため、「日記」募集に切り替えたと想われる。正岡子規は、すでに『ホトトギス』第二巻四号に「雲の日記」（明治三一年一二月一五日より三一日まで）を掲載していた。それに先立ち、明治三〇年八月、幸田露伴「雲のいろ〳〵」が『反省雑誌』夏季付録に発表されていた。こちらは雲の形状のさまざまを書いたもので、時間の経過による変化を追うものではない。

露伴や子規は、イギリスの美術批評家、ジョン・ラスキンが、産業革命が生んだ価値観を批判し、人間生活の土台としての自然、その景観美を礼賛する立場から、『近代画家論』第一巻(*Modern painters*, 1843)で、雲の観察を行い、壮麗な空を描いたジョセフ・マロード・ターナーの絵を礼賛したことを耳にし、それぞれ別々の発想をしたのかもしれない。子規の場合は、日清戦争に従軍記者として、ともに遼東半島に渡った洋画家、中村不折から、それを聞いた可能性がある。子規は不折を陸羯南に紹介し、自分がかかわった新聞『小日本』の挿絵画家に雇用する縁を結んでいた。

子規自身の日記は、詞書と俳句による句日記『獺祭書屋日記』を、病の床についた明治三〇年八月から、上段に日録、下段に俳句のかたちに変え（『病牀手記』）、加えて、『病牀読書日記』に随時の批評、考証メモを記していた。その明治三三年一一月一六日条に、古来の日記について述べ、『土佐日記』に着目、「極めて粗略なるものなれどこれだけに事情の善くあらはれいて面白き者後世に無きは如何にぞや」と述べている。『紫式部日記』については、宮廷上流社会のことだけで、貫之のように「地方の情況、一家の私事」を書いていないといい、そのほかには「ある俳人が江戸の花卉《かき》日記を作り……花の開落を詳記したるが如きは出色」としている。そして、平安中期の公卿、源高光が多武峰に庵を結ぶまでの歌物語『多武峯少将物語』（作者不詳。一〇世紀半ば、応和～康保年間成立か）に、食物の記事を見出し、『土佐日記』にも食物の記事が多いことに注意を向けている。物語に食べ物が登場することは稀であり、「俗」に目を向ける俳人の精神による鋭い見解である。これらが日記募集の着想に結びついたと想われる。

　正岡子規は明治三三年（一九〇〇）一月に「叙事文」の作法を論じ、日記募集をはじめてからは、「ホトトギス第四巻第一号のはじめに」（明治三三年九月）で「其文を読むや否や其有様が眼前に現れて、実物を見、実物に接するが如く感じせしむるやうに、しかも、其文が冗長に流れ読者を飽かしめぬやうに書く」こと、事物や出来事から受ける印象を彷彿させる、簡潔な文章を書くことを要求している。第四巻二号「募集明治卅三年十月十五日記事」の最後に掲載された正岡子規の記事中には、「日記は長くて面白きあり短くて面白きあり」といいおいて、「週間日記」について、応募してきた原稿から凡庸な部分を子規が削除していることがわかるところがある。だが、文体、句読点は統一せず、投稿されたままの状態に近いと見てよい。なお、子規は「写生」の語をほとんど用いておらず、これを好んで用いたのは、高浜虚子である。

　このようにして、「週間日記」と「一日記事」とを交互に掲載することが明治三五年秋までつづいた。次に、募集「週間日記」から、知識層、歌人・俳人等、庶民層、女性のそれぞれの日記を適宜選んで紹介してみたい。冒頭から適宜の分量を引用し、表記は掲載のままとし、濁点もふらない。ただし、掲載記事にはふり仮名はない。適宜、付す。引用中に注記を付すときは〔　〕で示す。

知識層

週間日記に投稿された記事のほとんどが「〜日記」と題されている。まず、管理職＝知識層の「日記」を三篇あげる。第四巻三号（明治三三年一一月一〇〜一六日の記事）最初の「京城日記　朝鮮京城、晩霞」は、京城駐在の銀行員の日記。

○十日（十一月）。西風。晴。甲午〔日清戦争〕以来戦亡将卒のため南学堂（ナンハクダン）に忠壇を設け招魂祭を行う。
○十一日。北風。曇。手洗鉢《てうづばち》の水氷る。渋沢〔栄一〕男爵へ宮中より賜宴あり。
○十二日。北風。晴。西小門外京城停車場に於て京仁鉄道開通式あり。我銀行は臨時休業す。式場の付近にて餅撒《まき》、西洋手品、手踊、韓演劇等の余興あり。

備忘録的日記の典型である。ただし、日付ごとに○をつける記事は「週刊日記」ではこれだけで、以降も見られない。同じ第四巻三号、「工事日記」。署名は「磨劔生」。工事監督者で、中級テクノクラート。

十一月十日。土曜。晴。長戸川橋梁第一号橋脚基礎用の水中混凝土《コンクリート》を沈設して一週間を経過せしを以て其の成績を見んが為め朝来箱枠内の水替をなさしむ。始め枠の四隅に備へたる四組の唧筒《そくとう》〔ポンプのこと〕の内の一箇不良となりしが故に午後十時まで夜業をなし遂に替へ終へずして止む。こゝ長戸川工場は成田鉄道我孫子延長線の橋梁を建設しつゝある処にて印旛沼の下流なり。余は今春以来此の工事を監督するが為め来り居るなり。
十一月十一日。日曜。雨。雨を冒して前日の如く水替をなす。正午頃漸く終る。混凝土の結合尤《もつと》も良好にて大に吾が意を得たり。直ちに表面の凸凹を水平に均《な》らさしむ。
十一月十二日。月曜。曇。第一号橋脚煉瓦積用の遣《や》り形足場を作る。西岸橋台の煉瓦積終る。

第四巻五号（明治三四年一月一〇〜一六日の記事）掲載の「日記　台湾於某法院　空鳥」は、官僚の日記。「漢文」読み下し体をやや残した文章で、記事も詳しい。

一月十日　数日来の雨纔《わづ》かに霽《は》れ竹垣に蔓纏《つるまとは》せる台湾朝顔の葉緑一層滴る斗《ばか》り紫の花十輪程其処此処《そここ》に咲いて居る、八時半登庁昨日依頼せる商業登記公告掲載の台湾日々新報来る一応検閲し其他一、二、三面とザット眼を通し同僚に廻《まは》せり、午後五時威海丸基隆開帆神戸へ直航に付き官報に公告すべき商業登記公告依頼書を会計掛へ廻せり、確定日附申請に付き台湾的法学者か遣《や》って来た、不動産登記法及民法中登記に関する条項の取調を為す四時半退庁、同宿の湫南は同僚の宴会にとて出行き先是又李坪は台湾旧慣調査の用務を以て外出夜に入《はいつ》て帰る、〔題詠の〕病五句を考へつゝ何時か夢に入る

ここに引いた銀行員、官僚やテクノクラートの文体は、それぞれ、軟らかい漢文読み下し体

の用言終止形文末、書き下し文体で時折、終止形文末、硬い書き下し体で終止形文末に体言止めが入る。最後の引用中、一ヵ所、「た」止めが見える。

ちなみに、明治三四年（一九〇一）ころ、著名な執筆者に執筆を依頼し、文体の使用を自由にまかせている博文館の総合雑誌『太陽』の署名論文の場合、すなわち文体を発表媒体に規制されないときには、漢文崩しの読み下し体「なり、たり」文末が六割、「だ、である」体が二割五分、「です、ます」体が一割五分という見当である（なお、口演速記の文末は、演者、速記者により、実にまちまちである）。日露戦争後に政治論文を除けば、「だ、である」が圧倒的になる。この『ホトトギス』の場合、母集団が小さく、また、引用を短く限っているので、この例示だけでは不十分だが、ほぼ同じ傾向と見てよい。

第四巻五号には「本所　さちを」の署名で「牛舎の日記」が掲載されている。牛乳搾取業のかたわら、正岡子規『歌よみに与ふる書』（明治三一年）に感化され、明治三三年より『日本』に短歌を投稿、根岸短歌会で活躍する伊藤左千夫のもの。これまでのものと比較すると、軟らかい文体で口語的表現が多く、文末は、連用形止め、終止形止め、「～ました」「～だ」が交じる。「山会」で行われた、ある題のもとで趣向のある散文を書く試みが、その日の出来事にそって、より自由に展開したものといえよう。読点なし、句点多用は独自の作法。伊藤左千夫は、のち、『ホトトギス』（明治三九年一月）に掲載した小説『野菊の墓』で広く知られる。

一月十日　午前運動の為め亀井戸まてゆき。やゝ十二時すくる頃帰《かへつ》て来ると。妻はあはてゝ予を迎へ。今少し前に巡査がきまして牛舎を見廻りました。虎毛か少し涎《よだれ》をたらしてゐました故鵞口瘡かも知れぬと申して。男共に鼻をとらして口中をよをく見ました。とうも判然とはわからぬけれと念のため獣医を呼んて一応見せるかよかろふと申して。今帰つたはかりてすどうしませうと云ふ。予はすく其の足で牛舎へはいつて虎毛を見た。異状は少しもない。老牛で歯か稍《やや》鈍くなつてゐるから。はみかへしをやる度自然涎を出すのである。此牛はけふにかきらずいつでもはみかへしをやる度に涎を出すのはきまつて居るのだ。それと角へかけて結ひつけたなは〔縄〕の節か。てうど右の眼にさはるやうになつてゐたので涙を流してゐた。巡査先生之を見て怪んたのである。獣医を呼ふまてもなしと予か云ふたのて。家内安心した

『ホトトギス』には、東京帝国大学生と思われる文学青年も投稿している。第四巻三号の「道草日記　麴街　全天」の記事がそれ。引用中にはキーッに、そのほかではシラーに言及している。

十一月十日　お茶の水橋の欄干に倚《よりかか》つて川を瞰下して居ると上流から水の面きら〱として油が流れてきた。

十一日　暴雨。新宿へ行く。汽車の煙と踏切の側の米屋の湯殿の煙とがもれて居た。

十二日　寒い風が吹いて雪が飛ぶ。キーツを持って山王台へ行つて一番高い丘の樹の根に腰を掛けて鵠《かつこう》〔キジ科の鳥〕の歌を読んだ。銀杏の黄葉が一枚落ちて来て本の間にはさまつた。

印象を書きとめることに留意しており、募集に応じるために書いたものかもしれない。文末には、用言終止形に過去ないし完了の「た」、「〜だ」が交じる。いわゆる言文一致体である。

庶民層

第四巻三号から庶民の日記を引く。「日記抄」の署名は「下総船橋在　九十《つくも》生（二十余歳）」。植木および草花の育種関係業を営む者だろう。

十日（十一月）。土曜。曇。東京へ種苗類求めに行く。午前三時謙次郎と共に出立。九時小石川植物園に到る。園内参観。新宿の耕牧園に到り花梅苗三種、田中枇杷、臘梅《らふばい》、仏手《ぶつしゅ》柑《かん》、四季咲木犀及び大鳳竹を求む。赤阪興農園に到り百合根八種、黒竹、草いちご、花菖蒲、薬用サフラン、チューリップ、紫雲英《れんげさう》抔求め皆大風呂敷に包み謙次郎に負はせたり。新橋にて水鉢四個、日本橋にて水鉢一個、平の植木鉢三個を求む。本所より汽車にて九時半帰宅。

十一日。日曜。大雨。昨日求めたるチューリップ、サフラン、竹抔鉢に植う。京都より持ち来りたる加茂川石を水鉢に置く。真楽園より朝顔種子七種を送り来る。
文末は用言終止形止めに体言止めが交じる。次に引く題を「日記」とするものの署名は「陸前石巻商店　匏瓜《へうたん》」。文末は、前に同じ。

十日　晴。正午寒暖計五十五度。神宮来り大和靴と中折帽を買ふ。車上の人に尺度《モノサシ》を売る。郡会議員の玉香君来り大和靴とインキを買つて帰る。小娘柘《つげ》の櫛を買ひに来る。夜、鹿鳴会を道《ひら》く。題は子供十句。

十一日　時雨。正午寒暖計五十度。店閑《ひま》なり。笑月君来り鉛筆とノートブックを買ふ。夕刻弱法師《よろぼふし》君来り共に傘十句を作る。俳諧叢書五部、ホト、ギス二部買ひて行く。

十二日　朝初雪。八時晴。正午寒暖計四十五度。

七篇中四篇が、このような職務日記のスタイルで、残り三篇のうち、「風呂敷日記」の署名は「浅草書肆　拈華《ねんげ》」。

十日。記す事もなかつた。

十一日　眼か覚めたら雨か降つてゐた。

午前　あす大学へ持て行く本を帳面へ附けた。今日も店はひまだ。

午後　栄ちやんが出てきて、インチ（遠寺）の話をしてくれとねだる。

「…………遠寺の鐘が陰にこもりましてボン……ボンと鳴る…………天王寺の森に

風がザワ〳〵ッザワ〳〵とわたります、雨がサラ〳〵ッと雨戸にさわる清水の方からいたしましてカランコロン〳〵〳〵と下駄の音がする…………やがて雨戸がスーットト開くと思ふと……バタツと音がしました………………」と机をたゝくと栄ちやんは、キヤツと言つてとびのいた。栄ちやんは、たいくつして、汽笛一声を謳ひだした。

お客は三四人しか来なかつた、

夜　くら〔庫〕を片付けてから酉の町〔祭事〕の事を調べやうと思つて東都歳時記を見たら昔しは青竹の茶筅を売つたと書いてあつた。

業務日記に、暮らしの細事がやや詳しく書き込まれる。「〜た」止めに「〜だ」が混じる。

第四巻三号には「たべもの日記　於某寄宿舎　悟妖星」もある。

十日朝　かぶらの味噌汁　刻《きざみ》午蒡の煮たるもの及沢庵三切
　昼　鰯の煮付（三疋）　沢庵四切
　晩　かぶらと油揚の煮物　若芽の酢漬　菜漬
　夜　焼芋を食ふ
十一日朝　豆腐の味噌汁　らつきよと菜漬
　昼　焼豆腐と葱の煮物　富貴豆と菜漬
　晩　あさり貝の味噌汁（かはり付）　菜漬

第四巻五号にも食べ物日記が見える。「兵営食物日記　竹橋内　近衛の新兵」。

めしに一種めし二種めしと称して二ツに別てあるので一種めしとは野外演習に出るときの弁当毎月一日及軍隊に祝の有とき（之れは赤飯）に米ばかりの飯である平常はいつも二種めしである此は米六麦四の飯である食器はめんこと称して長方形の箱である随分不潔なやつもある

一月十日朝　漬物　刻《きざみ》大根　柚皮一切　刻菜
　昼　切干煮　煮菜　牛蒡葱の刻たるを入れたる玉子焼（入営して以来初めてゞある）
　晩　煮つけ　芋　大根　菜　沢庵一切
十一日朝　刻大根油揚の味噌汁（香物沢庵一切なれど半数は無きが多し）
　昼　豆腐のから煮　沢庵一ッ
　晩　キントン　煮ざかな　酢牛蒡　蜜柑　沢庵一切（いんぎん豆の煮たのを隊にてキントンと称す）

このように見てくると、庶民のあいだでも、当時、「日記」といえば、まずは職務日記を意味していたこと、書店経営者の日記は随意に展開する傾向をもち、変わり種として「たべもの日記」も見られる。他の号からも庶民の職務日記を拾ってみよう。第四巻一号と五号に「鋳物

日記　本所　秀真」が掲載されている。五号に掲載のものを引く。

一月十日　釣燈籠を込める、兼さんに水盤の開きの方のナカゴをやらせる、明日の夕方頃吹きたいものだと話して夕方兼さんが帰つた。余は十一時まで梅公を相手に夜業した、

一月十一日　朝飯を食ひながら新聞を見ると、今日は旧の十一月廿一日で有つた、廿一日といへば大師様〔弘法大師の縁日〕だから、今日の夕方吹きをしたらば鋳損なひでもなけりやいゝがと例の心配をし初めた、万一吹く様に成つたらば成つた時の事として、余は釣燈籠へかゝる、勇作は今日は最早喉も痛くありませんからと云故、水盤の台の方の仕上をやらせる、兼さんが夕方帰る頃までには、ナカゴへクロミを塗つて、吹くばかしには成つたが、最早日が暮れた故、幸ひの事にして吹きを明日にのばした、扨明日いよ〳〵吹きの日とすると、左千夫君の釜〔茶釜〕の蓋も吹きたいし、抓《つまみ》も造り直したいと思つて、釣燈籠はやめて、夜になつて、真鍮のトリメを切り直して、型を引きながら、抓をこしらへ直して、塗り込めて、蓋の裏と表の型も出来上つたのが丁度四時で有つた、

記載が仕事の細部にわたっているのが特徴で、職人階層ながら自称として「余」を用い、それでも下町の口語的表現が交じっている。専門用語は手におえず、注はつけられないが、「勇作」「兼さん」は使用人。「左千夫君」は伊藤左千夫のことだろう（前述）。用言終止形止めに「〜た」止めが混じる。「する、した」止めと呼ぶことにする。江戸時代の庶民の書き付けは、

御触書と同じく、体言止め、こと止め、また候止めが普通で、文にしようすれば、文末は、笑話などに見られる「する、した」止めになっただろう。このような文体が連綿と用いられてきたと推測してよい。

第四巻五号には、これに続いて「小僧日記」と題する記事があり、署名は「本所秀真内　梅吉　十二歳」。先の「鋳物日記」の梅吉公のものであることが知れる。

一月十日　絹マチを篩《ふる》ひ、カミツケをこさえる、

一月十一日　前田の叔父さんが、内〔家〕に有る丸い木の硯を、こめて唐銅に吹いておくれ、褒美をやるからつてそ〔う〕いつたから、旦那にそいつて朝からこめる、夕方ナカゴを込める、こはれたから又ナカゴをこめる、丁度三辺目に型の方もこはれかゝつたから、旦那に直してもらつて、夜十二時頃やつとナカゴをこめた、今度はこはすといけないから、旦那にナカゴのけづりをやつて貰つて、あたしは先へねる、

一月十二日　水盤の吹きをするので、コークスを割つたり吹子を吹いたりして、あたしの硯へのユを注いて貰う、虫食ひ見た様な硯が出来た、そうしたら旦那は、「此は面白い硯が出来た、わたしが仕上げてやるから、虫食ひの処は土でたして、そうして込め直しな、なぜつて込め直したのを叔父さんにやるがいゝ、叔父さんなんか虫食のないのがすきだらうから」といはれた、夕方早く細工場を仕舞つてお湯へ行く、夜お婆さんに連れられて足

袋屋へ行く、十六日にはく股引をあつらへてくれた、それからかみい〔髪結〕床へ行く、
一月十三日　クロミがないから炭粉をつく、

梅吉さんは尋常小学校を出て、鋳物屋の小僧になったようだ。親方が、あるいは誤脱字などは直して投稿させたかもしれないが、口語表現が多く、フレーズは幼い。すでに尋常小学校国語教科書では「です、ます」体が導入されていたが、これは「する、した」止めである。

ふたりの女性

女性の日記は、第四巻一一号（明治三四年七月四〜一〇日の記事）に「縫物日記　はる」、第五巻一〇号（明治三五年六月一〜七日の記事）に「週間記事　麻布　春子」の二本が掲載されている。ふたりは別人である。「縫物日記　はる」より引く。

私の毎日通ふ縫物のお師匠様はもう六十を二ツ三ツ越しておいでなさいますが、まだ〳〵ご壮健で、四十の年から弟子をとつてなさるさうです。そのお連れあひと云ふのは七十過ぎた至てお優しいお人でお頭《つむ》は雪のやう、植木がお好きでいろ〳〵の珍らしい草花など集めて毎日それを日南へ出したり入れたりなさるのがお務めで、折々二重に眼鏡をかけて（一ツは目に一ツは人相見のもつやうなのを手に）新聞を読んで居られることもあります。御子息は或る所へ出勤なさいます。嫁御は色の白い怜悧《かしこ》いお人、たしか二十三とか、皆お

やさしい方ばかりで、あらいお声など一度も聞いた事もなく、極おだやかな楽しい御家内《おうち》です。

今お弟子は二十二才をかしらに十三才がすそ〔末〕で二十人ほどあります。

四日、天気不定晴曇雨かはる〴〵にて暑さ堪へがたきほどくるし。

朝八時三十分にゆきて十一時に人々に先《さきだ》ちて帰る。

かたびらの袖二つぬひ衿つけてかけ衿かける。

午後十二時四十分より三時までに脇筋ぬひて袖付け裾のいしづけ〔褄先に同じ?〕くける。

これにてこの仕事は仕立《あ》げとなる。きのふ衽《おくみ》のけんざき〔剣先〕に少しこまりたり。かたびら〔帷子、一重もののこと〕は外《ほか》のものより縫ひにくきもの。

五日。雨ふり。今日は父上留守なればひる早く帰るに及ばずと母君のたまふ。午前九時より午後三時過に自分の羽織ぬひ上げて綿入れにかへる。

冒頭に「縫物のお師匠」について概況を記しているが、このような工夫は、先に引いた「兵営食物日記」のほか例がない。この場合は、日記の本文だけではあまりにそっけないので、応募に際して前文をつけたのだろう。文章も、ここだけ「です、ます」体。本文は、裁縫の練習や仕事の進捗の覚えとして実際につけていたものらしい。いわば職務日記の変形といえよう。

女性も庶民は手に職をもつことが当然であり、明治後期には、この種の日記が普及していたと考えてよい。本文は平易な和文体の終止形止めで、体言止めも混じる。

「募集週間日記」の応募者は、まずは『ホトトギス』の購読者で、庶民の遊びの俳諧を芸術に高めようという革新派に関心を寄せる者が中心だろう。明治期の女性の文芸表現の主流は短歌にあり、短歌雑誌が主な発表の場だった。総合雑誌『太陽』でも短歌欄には女性の投稿が多く掲載されている。『ホトトギス』の場合、短歌の投稿欄に女性らしい号を用いたものが見えるが、割合は少ない。このおはるさんは『ホトトギス』の購読者だったのだろうか。誰かに勧められて応募したのかもしれない。


第五巻一〇号「週間記事　麻布　春子」は、いわば深窓の令嬢だろう。


六月一日、五時半起きたるに霧いと深く立ちこめて、愛宕の塔紅葉館など望むべくもあらず。常は近ふ見やらるゝ三田の山又は迪宮《みちのみや》殿下〔昭和天皇の幼少時の称号〕のおはします河村邸などさへおぼろにて、一二里ばかりも隔りたらんと見ゆるをかし。今日よりぞ夏に入りたりと思ふに、以後三四ヶ月ばかりが程の暑さの、いかばかり脳にさはりて心しき事のみ打ち続くらんと思ひやれば、何となう心苦し。

友への手紙一通認め、八時半頃より一里半許りも隔たれる処へ絵の稽古に行く。

汐留より鉄道馬車に乗り、上野の手前切通しの所にて下車す。

師の許にははや十人許りの人ありて、二時間程も待ちぬ。けふは女の手本日なり。おのれには雌の鴛鴦《おしどり》が泳げる所を画き賜はる。前の日に出し置きたる雄の鴛鴦の画を受け取り、ぎぼし〔擬宝珠〕に蒿雀〔画題〕の清書を出し帰る。

芝なる家に立ち寄り、昼餉をしたゝめ、二時間ばかりも遊ぶ。丸薬水薬倶に飲まざりき。

帰路は飯倉よりしたるに、恰も熊野神社の祭礼なりければ、花傘、提灯、懸行燈《かけあんどん》など戸毎にかゝげありて人出も多く甚しく賑へり。

道にて女学生風の人より何やらん小き紙に字をかけるもの貰ふ。見れば耶蘇説教の広告なり。

夕食後例の散歩も今日は止めつ。新聞、ほとゝぎすなどよみ、または祖母君と四方山の物語りなどし、十時半頃臥床に入る。


冒頭、擬古文。本文にも古典の女手を学んだ跡が交じる。途中より子規の病状に対する思いやり、「文学の上に御力を尽させ給ふ御事のいかで〳〵」と尊敬の念が縷々述べられる。七日の記事に佐佐木信綱主催の短歌雑誌の『心の華』も読んでいることが記されている。この春子さんは旧派に属する『心の華』を以前から購読しており、樋口一葉がそうであったように、古典和文の勉強をし、随意に思いを述べる文章が大幅に現れる。幕末の女国学者、『井関隆子日記』の型が受け継がれていると見てよい。途中、「ねむられねばふるきホト、ギスをよみもて行く」とあり、また「おのがホト、ギスをよみはじめたるはやう〳〵昨日今日のこととて」とあることから、彼女は家にあった『ホトトギス』を開き読むうちに、最近になって毎号購読するようになったことが知れる。

募集一日記事

これまで紹介してきた「週間日記」と「一日記事」のあいだには、そのスタイルにかなりの差がある。「一日記事」には、日々の暮らしの細部をいわば随筆的に書きとめようとする姿勢が顕著である。掲載欄のタイトルは、第四巻二号（明治三三年一〇月一五日記事）は「募集明治卅三年十月十五日記事」、三号以下は「募集一日記事」で統一。個々のタイトルは当初はなしで、○印を付している。同六号（明治三四年二月一一日）の最後の記事に「暗汁《やみじる》の記」（本文は「暗計」と誤植）と題がつき、第四巻八号（明治三四年四月一〇日記事）からは「車夫日記」「居候日記」「外国郵便日記」など、ほとんどに題がつくようになる。

第四巻二号の最後に、「下谷子規」として子規が病床日記を載せている。かなり長く、出来事、見聞、新聞で知ったことへの意見などが記されている。この欄のために、わざわざ書いたものであることが記事中より知れる。いわば手本として掲載する意味があったのかもしれないが、文語体である。

募集一日記事の初期に掲載されたものの特徴は、応募者が「週間日記」の形式を踏襲して、時刻を追って、出来事を記録する形式をとっていることである。第四巻四号（明治三三年一二月一六日記事）より、ひとつ引用する。

午前零時　職工交《かは》る〳〵炉辺に至り弁当を食ふ干鮭を焼く香りす
同一時　撰鉱機械を動かす為めの電気原働力を調ぶ「ボールト」が三百「アンペア」が六十五
同二時　機械の運転緩くなる速くして呉れと原働所へ電話を掛ける
同三時四時　無事
同五時　霰降る暫して止む星見ゆること元の如し東方白らむ
同六時　精錬場へ精鉱を送る馬車来始む
同七時　夜の事業成績を帳簿に記入し次に職工の判座をなす　昼勤の各職工来り夜番の職工退場す　電灯消ゆ

「判座」は、勤務表にゴム印を押すことだろう。体言止め、終止形による文語体。はじめは、このようなものが多く、第四巻六号の最後に、子規「一日記事につきて」が載る。

一日記事は週間日記と稍《やや》趣を異にす。一日記事はある一つの興味ある事を捉へてそれを成るべく詳細に写すなどは面白くなり易かるべし。極詳にもあらず極畧にもあらず善い加減な筋書に止まるは読んで面白からす。

一部分の面白き記事は多くあれど記事の過半平凡無趣味なる故に取らす。斯る場合には此面白き一部分を一層詳細に叙して少くも記事の半を充たすやうにすべし。

興味あることをとらえて記す姿勢が強調されている。子規においては俳句における焦点化の技法の応用といえよう。この記事も文語体。この提言が募集週間日記の書き方にも影響し、募集日記の全体が、次第に随筆的になっていったと考えられよう。

第四巻六号と八号に「大阪　十九の女」という署名をもつ簡潔な和文「なり、たり」体の記事が連載されている。八号より一部を引く。

朝起きてみれば雨の音はなくて、庭の隅にうゑたる若竹の葉末葉末より美くしき玉のしたゝり、吉野杉は無数の露をやどし、嫁な〔菜〕せり蝶々草などの、うるほひてみどりあざやかなり、つねよりは目新らしう覚ゆ。塀にそひて赤き草の芽生せるを見出しぬ。去年の冬かれう〔失〕せしつたかづらなるべし。

八時頃晴れとなる。父君神戸より帰阪、直に裁判所へ出られたり。

けふは旧二の午なり。伏見稲荷神社へ本日の御饌料として為替組み、弟へ遣《つかは》す文したゝめ、九時過より縫物師匠の許へゆく。十一時に人々より先《さきだ》ちて帰り昼食の仕度なす。例なり。午後親類の袷仕立上げて持参する途より又あめ降り出でたり。替りの仕事うけとり傘かりて帰る。三時半。

東京なる弟の友人より弟の身の上につきて書状来る、父の命うけてそのかへし出す。

全体は出来事、行いの記録だが、冒頭は印象にわたる。第四巻六号では、地方の俳句グループに属する者が目立つが、八号では、俥引き、居候、銀行員、そして婚礼の宴席の様子を記したもの、外国郵便を扱う者などの時刻を追っての職務日記と多彩になっている。第五巻四号（明治三四年一一月三〇日記事）には、人類学者、坪井正五郎らと行う「山ノ手談話会」の様子、南信州の医者、上海で日本船の輸入検査にあたる検査官、越後小出町の初雪翌日の記事、「陰暦十月二十日」と題する、女の子供を二里ほど離れた名灸医のところへ俥で連れていった母親の日記、死者を弔うお坊さん、高知の商人、台北のサラリーマン、高知付近の漁村の女性の日記が並ぶ。ずいぶんと日々の暮らしの様子がわかる記事になってゆく。編集サイドは明らかに、種々の職業の日記を選んでいる。

全体としては、「週間日記」に比べて、漢文崩しの読み下し体の占める割合が極めて少なく、すぐに消滅してしまう。「する、した」体、「だ、である」体をあわせ、今日いわゆる「常体」がかなりの割合を占め、女性に「です、ます」体か和文体を用いる者がいるという程度となる。一日記事には、随筆的なものが多くなり、途中に会話の引用や口語的な表現がかなり混じる傾向も見受けられる。

『ホトトギス』募集日記が語ること

まず、「募集週間日記」についてだが、このころに起こった文体の変化をうかがうためにも、かっこうの材料である。たとえば第四巻九号（明治三四年五月四〜一〇日）の「番頭日記」には、「だ」止め、「する、した」止め、文語の混交が見られる。

○五月四日　午　晴

昨夜主人の命令を請けたので、今朝早く浅草迄行かなければならぬと思ふて、臥床を起き出でたのは、丁度五時少し過ぎた頃だ。睡眠不足の所為か、身体が非常に疲憊して、眼も少しく痛を覚える。漸く流し元で嗽ぎ顔を洗ふて了《しま》ふて、例の冷水摩擦を了ると、少しく常の我に復《かへ》つて《ママ》気持がした。

此日は此の二三日来の好天気で、麗かな太陽の曙光が、庭の若楓に照り添ふて、余りの光線を椽側の繡眼児《めじろ》の籠に射込んで、鳥は此の晴朗なる朝を喜ぶのか、連《しき》りに囀つて居る。自分は此の美しき光景に酔ふて、庭園に降り立つて、此の楓の下を過《よ》きりて、羅漢柏樹の隣に植ゑられてある牡丹の傍迄行くと、板塀一重を隔てた、隣地の家の二階で、雨戸を繰る音がした。振り仰いで見ると、今しも隣りのお照ちゃんが、其の寐乱れのしどけ無い鬢の乱れ毛を物憂さうに左の掌で撫で上げて、雙手を雨戸の桟に掛けた儘《まま》欄干に凭《もた》れて、吾か家の庭を眺めて居る。自分か此処に立つて居るのを気付か無かつたのか、其夢見るか如き眼は瞬きもせぬ、籠の繍眼児か高く囀つた一声に彼は漸く自分か此処に居るのを気付いたのか、耻《はづ》かしさうに倉皇《あはて》て障子の中へ逃け込んで了つた。

これはさまざまな文体が入り乱れて用いられていた大きな変革期ゆえである。明治期に軍隊が行った壮丁調査のうち、識字率の調査では、尋常小学校低学年以下、尋常小学校卒業程度、高等小学校卒業程度、中学校卒業程度以上の四段階に分けている。尋常小学校卒業程度の試験用のサンプルの文では漢字熟語が交じる「する、した」体が用いられており、漢文学習を経た中学校卒業以上は漢文読み下し「なり、たり」体を指標にしている。それを参考にして、「漢文」崩しの読み下し体、「する、した」体、「である」体、和文体、「です、ます」体の五種に分けて見てきた。

文末表現を頻度による傾向で分け、多い順に並べてみると、「週間日記」全七十一篇中「する、した」体が二十八篇、漢文読み下しの「なり、たり」は二〇篇、「だ、である」体は十九篇、「です、ます」体は一篇、その他、和文体の「なり、たり」が一篇、「漢文」(訓点つき)一篇という見当になる。残りの一篇は「する、した」と「だ、である」が混在し、どの傾向とも見分けられないものである。

これらからいくつかの推測が導けよう。第一に、「募集週間日記」からは、中学卒業以上の学歴の者は漢文崩しの読み下し体を基本にし、一般庶民は「する、した」体をベースに各自の職務の記録をつけていた。第二に、中学での勉学を経験しない庶民の日記は、投稿用に整えられ、あるいは作文されたものとはいえ、また選者がある程度の添削を行ったものとはいえ、彼らがふだん書く文章の様子のおおよそを示していよう。小学校までで勉学を終えたもの、また漢文崩しの読み下し体によく習熟していない者は、「する、した」体をベースに、次第に「だ、である」体が混在してゆく傾向が見えた。

先に紹介した『太陽』の署名記事では日露戦争後に「だ、である」体が圧倒的になるが、『ホトトギス』募集週間日記の方がそれより移行が早い。文語文に習熟することのなかった庶民の方が「だ、である」体への移行が容易だったということができるだろう。いわゆる「言文一致体」の定着の過程を、よく物語っているのではないだろうか。

第三に、中学卒業以上の人びとのふだん書く文章も、『太陽』署名記事よりも、漢文読み下し文体からの離脱が早く進んでいた。これは『ホトトギス』に掲載された「山会」などの俳文に馴染んでいたゆえかもしれない。数が少なく断定はできないが、知識を備えた女性の文末「なり、たり」の和文体使用、そうでない女性の「です、ます」体使用が一定程度、規範化していたこともうかがわれる。

第四に、『ホトトギス』が「課題文章」に替えて、より容易な「週間日記」や「一日記事」

を募集したことは、「課題文章」では期待できない役割をはたした。随意の文章を書く楽しみを知らない人びとに発表の機会を与え、正岡子規が俳句の焦点化の技法を散文に転用して、印象深いことに焦点を定めて書くように指導したことは、時刻を追って書く出来事の記載方式に、印象や感想を加える随筆的な方向に導き、「週間日記」と「一日記事」を交互に募集していたため、「週間日記」の書き方にも、それに準ずる変化をもたらした。

ただし、このようなスタイルと文体の傾向が、どこまでひろがりをもったかは、定かでない。『ホトトギス』の読者の範囲を超えるものではなかったのはもちろん、『ホトトギス』の読者、いや、応募し、採用された者においても、これが彼ら、彼女らの通常の日々の記録に、どれほど影響したかは、わからない。

この時期、知識層の情景描写に、大きな変化が起こりはじめていたことを語る投稿記事がある。第四巻二号「募集明治卅三年十月十五日記事」中、「由人」という署名のある記事である。田舎で『木兎《みみずく》』という雑誌を創刊した人で、『ホトトギス』の俳句欄にも応募している。句読点は原文のママ。

これでも僕は度々諸種の競争はやつたが自転車のレースは初めてだ。レースをまだやらない中から心臓が鼓動して居る。砲がなつた無中で駆けだした。第一の曲り角で僕の直ぐ後の某紳士が倒れた。第二の曲り角でつい馬力を張り過ぎたせいでもあらう僕の車は縄張り外の堆上の土に乗り上げた。あわをくつた。心を静めて車をとり直し又駆け出した。見物人が騒ぐのが聞こえる。追かけた。敵は既に半周計りも先に居る。大急ぎだ。三周目に追ひ付いた。大分落ち付いて来た。夫は勝利の目算が立つたからである。

この文末の多彩さは文体意識の旺盛さの表れである。前後に「だ、である」止めの一文を置いて状況説明とし、そのあいだに用言終止形（現在形）と「〜た」止めを組み合わせ、行為の切迫した気配をうまく示している。この「〜た」を、みな現在形に置き換えてみるとよい。臨場感はいや増すが、切迫感は減るだろう。このような文章は、『ホトトギス』募集日記中、他のどれにも見られない。これは、どこからからきたか。

自然の日記——独歩、蘆花、藤村

用言終止形（現在形）と過去ないし完了の助詞「た」を効果的に用いて、臨場感を出す工夫は、イワン・セルゲーエヴィチ・ツルゲーネフ『猟人日記』（*Записки охотника*, 1852, 1888）中「あいびき」（Свидание, 1852）の冒頭、語り手がロシアの白樺林に座って、天候の変化によってあたりの光景が時々刻々移り変わるさまを描写した一節の二葉亭四迷の翻訳が知られる。ロシア語の過去形完了体を日本語に移そうとして「〜た」を無造作に重ねた初訳「あひゞき」（一八八八）ではなく、それを改め、『かた恋』（明治二九年、一八九六）に収録した訳文の方である。先の由人は、それを自分が自転車を漕いで疾走するにつれて、光景が変化する様子に応用したことになる。が、これは、二葉亭四迷の訳文ではなく、それを応用した国木田独歩「今の武蔵野」(一八九八、『武蔵野』〔一九〇一〕収録時に「武蔵野」に改題)に触発されたものではないだろうか。なぜなら、「今の武蔵野」には、語り手が歩くにつれて景色が変化する様子が記されているからである。まるで肩かけカメラで写した映像にたとえられるが、肩かけカメラが発明されていなかったことはもちろん、まだ移動式撮影すら行われていなかった。

ツルゲーネフ「あひゞき」は、農奴の娘が貴族の青年に、いわばたぶらかされることを書いた作品である。その青年貴族は、農奴の娘を妊娠させたまま、パリへ逃げたツルゲーネフ自身がモデルだが、『猟人日記』がきっかけになり、ロシアの農奴解放につながったことはよく知られる。独歩は、後年、下層に生きる人びとに目を向けた「竹の木戸」(一九〇八)などを書くが、このとき、なぜ、「あひびき」から、自然の光景の書き方だけを学んだのか。その理由は、そのとき、独歩が「自然の日記」を書くことに夢中になっていたからである。それを徳富蘆花に勧めたことも知られている。

独歩のいう「自然の日記」とは、自然にふれて味わう目や耳や肌のさまざまな感覚の歓びを書くことだった。彼はそれを、印象派を志向する画家から学んだが、『武蔵野』中「小春」には、ウィリアム・ワーズワースの詩句を「たゞ自然其物の表象変化」を観て、「其真髄その美感を詠じた」もの、「万物の生命」（life of things）にふれる歓びとしている。「瞑想静思の極《きはみ》に到れば我実に一呼吸の機微に万有の生命と触着するを感じたりき」と。

印象主義から「万物生命」の表れを書く象徴主義に接近していることがよくわかる。独歩「今の武蔵野」は、だが、それを「日記」のスタイルではなく、武蔵野で四季折々に感受する感覚の歓びの案内記のように仕立てたものだった。

徳冨蘆花は、早くから、ラスキン『近代画家論』にヒントを得て、たとえば伊香保温泉から眺める榛名富士にかかる雲や空の色の変化を描いていた。が、それらは紀行文の風景描写の一コマにすぎない。蘆花は明治三一年一月から「自然に対する五分時」シリーズを開始する。その一「此頃の富士の曙《あけぼの》」（明治三一年一月記）は「心あらん人に見せたきは此頃の富士の曙」とはじまり、逗子の浜に立って、富士を望み、「海も山も未だ睡《ねむ》れるなり」とはじめて、次のようにつづく。

> 唯一抹、薔薇《しょうび》色の光あり。富士の巓《いただき》を距《さ》る弓杖《ゆんづゑ》許りにして、横に棚引く。……／富士は今睡より醒めんとすなり。／今醒めぬ。……／富士は薄紅《うすくれなゐ》に醒めぬ。

この景観の変化をただひたすら伝える描写は、隠喩を駆使しているが、自意識はもちろん、一切の「内面」が消えている。文末には、現在形及び、文法用語でいう完了の「ぬ」を多用する文語体である。蘆花にとってそれは、ラスキンと同様、自然を司る神の現れを写す意味をもつものだった。当時、まだ福音派の立場を離れていなかったラスキンの場合、その「神」はキリスト教にいう創造神の観念から、世界創造を神の六日間の仕業とするような神話を抜いた自然神を意味していた。蘆花もキリスト教に接近していたが、彼の「神」は、伝統的な「造化の神」、仏教の仏とも入り混じった世界内の創造主と考えてよい。それはともかく、蘆花は、このようにして、さまざまな場所で記した「自然に対する五分時」の一コマ一コマを、『自然と人生』（明治三三年、一九〇〇）の巻頭に置いた。

島崎藤村も比較的早くからラスキン『近代画家論』を読んではいたが、小諸ではじめて、日々の雲の様子の観察記録「雲」（明治三三年）を書いた。形状や色彩の変化に気を配った「雲の日記」である。そのなかには、次のような一文も挟まっている。

盛夏は陽気のきはまれる時にして万物化育の絶頂、日近く、熱多く、地上より蒸発する水分の豊かにして直射する光の力ある、天地はまさに奮闘と鋭意と活動との舞台なり、生殖と競争との世界なり。

藤村はラスキンにならって雲の観察をつづけるうちに、「天地の呼応する様子」に目を開かれ、この文章を書いたと述べている。だが、この一節は、はたして「観察記録」だろうか。この印象は、熱、水分、光など、理科の知識に支配されている。これは、ダーウィニズムをも交えた近代自然科学の知識による「自然」の解説である。このとき藤村は、博物学的な自然主義に接近していたことがわかる。つまり、自然から受ける印象を書く「自然の日記」の試みは、さまざまな偏りをうちに孕んでいた。また、語り手の移動に伴う印象の変化にも及んでいた。

日記体小説のこと

ところで、ツルゲーネフ『猟人日記』の各短篇は、日付をもつ日記体ではない、ロシア語で「スポーツマンのスケッチ」を意味するタイトルがつけられ、英語でも変わらない。スポーツマンは、ハンターと同じで、貴族の代表的なスポーツが狩猟だったことによる。また「スケッチ」の語は、ツルゲーネフが絵画のスケッチ、とくに一八四八年革命前後のパリで、ジャン＝バティスト・カミーユ・コローら外光派が太陽光線のもとで絵を描いているのに出会い、それにヒントを得て、時々刻々変化する光景を写す文章を試みたことを示していよう。

それが『猟人日記』と翻訳されたのは、明治四二年（一九〇九）、戸川秋骨・敲戸《こうこ》会同人訳で昭文社から刊行されたときのこと。ロシア文学の翻訳で名をはせたコンスタンス・ガーネット女史の英訳本『*A Sportsman's Sketches*』（1897）からの重訳である。なぜ、それが「日記」と名づけられたのか。

あるいは、ツルゲーネフの第一作、帝政期ロシア文学の「余計者」を書いた最初の作品とされる『余計者の日記』（*Дневник лишнего человека*, 1850）をガーネットが翻訳した『*The Diary of a Superfluous Man*』(1894, 1899) から借りたとも考えられる。「余計者」が自殺するまでの数日間の日記の体裁をとる。パンジャマン・コンスタン『アドルフ』(*Adolphe*, 1816) など、フランスの心理小説を応用したもので、ツルゲーネフ自身の心境を素材にしていようが、虚構の人物の日次記の形式で、その心理の変化を追う、厳密な意味での「日記体小説」である。

あるいは、二葉亭四迷訳「あひゞき」に触発されたことのある戸川秋骨が、同じ『文学界』同人だった島崎藤村あたりから、国木田独歩や徳冨蘆花の「自然の日記」について伝え聞いていたのかもしれない。藤村は小諸時代(一八九九~一九〇五)に、先にふれた「雲」や、のちに『千曲川のスケッチ』(一九一二)として刊行する散文を試みていた。秋骨は蘆花よりやや年上だが、郷里は近く、熊本藩士族(秋骨の父親は支藩の藩士)として遠縁にあたり、蘇峰とは早くから面識があった。

心理の変化を日次記で展開する「日記体小説」に対して、日本の歴史記録としての日記のかたちを借りて、日次記の小説に仕立てるものもある。井伏鱒二『さざなみ軍記』(昭和一三年、一九三八)は、源氏に追われ、瀬戸内海を転戦する平家一門のなかのひとりの若い公達を書き手に設定している。どちらも、さまざまヴァリエーションを生む。井伏鱒二が、のち、被爆者、重松静馬の日記、また被爆軍医、岩竹博の手記を素材にして『黒い雨』(一九六六)を書いたことは、よく知られる。

第六章　日記の現代へ

修養の季節

われわれは、日を追ってその日、その日の出来事を書き継ぎ、そこに自分の考えや感情などを随意に書き付ける記述を「日記」と呼んでいる。このような「日記」は、日々の職務の記録とは区別して、戦中期までは「修養日記」と呼ばれていた。職務日記にも、個人のものには、随意の感想や他者との会話などまで書きこまれる傾きは見えていたが、職務の記録が主な目的である限り、「修養日記」とは呼ばれない。

「修養」は古くからある漢語だが、明治二〇年代に徳冨蘇峰が文部省の「修身」に対して、自分自身で心身を養う意味で用いはじめたもの。日清、日露の戦間期に青年の煩悶が「人生問題」として取り沙汰され、その対症療法として盛んに用いられるようになった。「修養日記」は、自らの心を養うためのもの、後に読み直して反省するためのものとされていた。

一般には、心身を平穏に保つよう、早起きして冷水摩擦、乾布摩擦などで膚を鍛え、座禅を組んで精神を集中させ、また困難に立ち向かった偉人の伝記などを読んで心を鍛えることが勧められた。たとえばエマーソンの言行録やエッセイ集は、北村門太郎（透谷）の『エマルソン』が一八九四年に出たのち、二〇世紀への転換期には、大和田健樹、中里介山、戸川秋骨らが手がけ、修養ブームの波にのり、優に一〇種を超える刊行を見ている。

その「修養日記」は、中国からの留学生が持ち帰り、中華民国時代には「修身日記」と呼ばれ、相当のひろがりをもったらしい。中国の専門家は、現在の日記の書き方は日本からの影響と断言する。日本とは事情がちがい、「修身」は自己の文化的発達の意味で用いられていた。

よく知られるように、明治三六年（一九〇三）五月二二日、第一高等学校生徒、藤村操が日光華厳の滝から飛び降り自殺したことが青年の煩悶が取り沙汰される引き金になった。ミズナラの皮を剝いで、「巌頭之感」と題して、次のように彫り付けてあった。

万有の／真相は唯ただ一言にして悉《つくす》、曰く「不可解」。／我この恨を懐いて煩悶、終に死を決するに至る。／既に巌頭に立つに及んで、胸中何等の／不安あるなし。始めて知る、大なる悲観は／大なる楽観に一致するを。

それが片恋に破れた失恋自殺とわかっても、その跡を追おうとする者は多かった。原因は青年たちの価値観が根本から混乱に見舞われたことにある。

ロシアの東アジア進出と対峙し、朝鮮半島の利権を争った日清戦争は、朝鮮の宗主国にして東洋の老大国、中国の軍隊を蹴散らし、遼東半島を占領した。が、三国干渉に遭い、撤退を余儀なくされた。政府は「臥薪嘗胆」を合言葉に国民の不満を抑え、軍備拡張の道を選び、台湾を領土に組み入れ、植民地経営に乗り出していった。相次ぐ税の取り立ては、都市の内部に貧民街をつくり、「社会問題」を生んだ。「人生問題」とは、これに対していわれた語である。

西欧における一九世紀の「社会問題」は、労働者階級の暴動などが頻発したことをいうが、日本の場合、軽工業が発展するのは日清戦争後、政府が重化学工業化を推し進めるのは、一九〇一年の八幡製鉄所の操業開始、そして、その後の鉄道の国営化が指標になる。明治三七～三八年（一九〇四～〇五）の日露戦争に、かろうじて勝ちはしたものの、兵隊の肉体は傷み、戦後、男性労働力の不足がいわれ、また外国債の償還のため、徴税も厳しいまま据え置かれた。小作農が増え、男女とも日雇いの肉体労働に従事、また都市の工場地帯に流れこみ、無産者層が形成される。そして、暖簾を第一に信用取引をしてきた商売が崩れ、目先の新しさを競いあう激しい競争社会の到来に、人々は「世知辛い世になった」とその激変ぶりを嘆いた。明治前期からの「立身出世」にもひび割れが走り、青年の煩悶は、いや増しに増していった。

日清、日露の戦間期から日露戦争後にかけて、キリスト教の松村介石『修養録』（一八九九）、民友社の山路愛山『気質の修養』（一九〇八）、新渡戸稲造『修養』（一九一一）、真宗改革派の清沢満之《まんし》『修養時感』（一九〇三）、禅宗の加藤咄堂《とつどう》『修養論』（一九一〇）などが知られる。当時、最もよく読まれ、また大ロングセラーになった幸田露伴の『努力論』（一九一二）もそのひとつである。みな宇宙とは、人性すなわち人間の本性とは、社会に生きる倫理とは、を説いている。その中心勢力は禅宗と陽明学だった。禅宗は見性をモットーにし、自分の心の底に沈潜しようとする。陽明学は、いい意味でも悪い意味でも、独立覇気を養う。露伴『努力論』の巻頭にも「立志に関する王陽明の教訓」が掲げられていた。

少し遡ると、明治三五年（一九〇二）二月二四日、西田幾多郎が金沢の第四高等学校の講師を勤めていた三一歳のときの日記に次のような一行が登場する。

学問は畢竟《ひっきょう》 life の為なり life か第一等の事なり life なき学問は無用なり　急いて書物よむへからず

ここには、まさに人生のための学問を、というモットーが記されている。だが、よく見ると、はじめのふたつの“life”は当時の日本語で「人性」ないしは「人生」にあたり、どちらも人間の生命、人間の活動のおおもとを意味した。三番目の“life”は、単なる学識ではなく、生きた学問、自分の血肉になった学問という意味である。この「学問」は、もちろん哲学である。

この日の記載の前後には交友の記録とともに、カント、ヘーゲルの哲学の読書記録が散見する。ついで文芸への関心も高く、ゲーテ『ファウスト』などの記載もある。だが、その日、その日の思索の中身を書き付けているわけではない。哲学ノートは別に記している。先のモットーは、今後の指針を自身にはっきり刻んでおくために記されていたのである。

このころの西田の日記には「打坐冷拭《だざれいしょく》」の文字が目立つ。座禅と冷水摩擦を日常的な修行として行っていたことがわかる。「打坐・冷拭・運動」という語も見える。この運動は教員仲間とのテニス。西田は早くに健康を害したことがあり、体には気をつけていた。このように「人生問題」と「修養」が、西田幾多郎の哲学の出発点に据えられていた。そして、それは西洋哲学や文学とも深く関係していた。

西田幾多郎の場合、静座は、禅の修行をしていたゆえだが、この季節には、さまざまな静座法が流行った。宮沢賢治の日記を覗くと、大正元年（一九一二）一一月、盛岡中学校（現・盛岡第一高等学校）三年のとき、盛岡市で佐々木雷眼という人がはじめた「霊磁式静座法」にも関心をもち、指導を受けている。心を鎮めて座るうちに、催眠状態に入り、全身の筋肉が自動的に活動するという、かなり怪しげなものである。

そして宮沢賢治の童話草稿「楢ノ木大学士の野宿」の第二夜、病にかかった鉱石たちの会話のなかに「わがこの恐れるところの死なるものは、そもそも何であるか、その本質はいかん、生死巌頭に立って、をかしいぞ、はてな、をかしい、はて、これはいかん、あいた、いた、いた、いた、いた」といいかけてやめるところがある。これは藤村操の遺書ではなく、「独立者は常に生死巌頭に立在すべきなり」という清沢満之『臘扇記第二号』中のことばを受けたものだろう。「これ人世の根本的問題なり」ということばで知られる。賢治の父親が真宗改革派に熱心だったことも手伝っていようが、賢治は、清沢満之の日記を修養書として読んでいたにちがいない。

実は、「修養日記」にも先行者がいる。そして、それはやはり、海外思潮とも関係していた。

それについて考えるところから、本章をはじめたい。

独歩『欺かざるの記』

国木田独歩は、明治二六年（一八九三）二月六日から、日記を書きはじめていた。二三歳のときである。自由党の新聞事業に献身すること、また下宿を替えることを選んだ二月三日という日が自分にとって「謎語」である、どのような意味をもつか、わからないと。

二月一六日には、次のように書いている。

　吾の行為、思想、感情は注意して研究せざる可からず。之れ一個のソールが其の特別なる伝記を作りつゝある者なればなり、汝は詩人のドラマを読むか、小説を読むか、伝記を読むか、汝は汝のドラマ、汝自身の小説、汝自身の伝記を読まざる乎。汝若し心を平にし、情を高くし、眼を明らかにし、以て汝の日々の変化を研究せば、汝は大なる読書を為したる也。

「詩人のドラマ」は、当時の通念で、西欧の韻文で書かれた戯曲のこと。叙事詩と抒情詩を総合した詩として扱われていたからである。そのあとには、ラルフ・ウォルド・エマーソンのことば、「渠《かれ》は渠れ自らの思想には、不注意無頓着なり、何となれば渠れの思想なればなり」が引いてある。「渠」は彼に同じ。自分自身の思想、その変化を研究することの大切さをいっている。これが己がソウル（魂）の記録、自身の伝記として日記を記すという考えのもとである。そして、その前、二月九日夜に、六日から九日までのことを書こうとしながら眠ってしまい、いまは一〇日夜と記された記事には、

只《た》だ、筆にまかせて、此の一個の青年が過ぐる五日間に於ける事実の大要、思想の根本、感情の焰、いさゝか左に記し置かん。

とあり、何をしたかを列挙したあと、「一個の青年は如何なる周囲と、如何なる思想感情に取りまかれしか」と、政界の出来事を記し、それにかかわりをもてない自分を嘆き、また社会への憤りを記している。自身と実社会のかかわりに思い悩む記事が続く。

たとえば、徳富蘇峰に会い、その記事を読んで感服し、だが、自分が「高遠幽深の大思想、大感情」にふれる書物を読み耽って、新聞『自由』のための出社が滞りがちなことを、蘇峰が「エゴイスト」と評したと社主から聞かされて、また悩むという具合である。「煩悶」という語もしばしば用いている。「修養」の語も見える。

このころの独歩には、他者の傲岸不遜に映る態度が目立ったらしい。明治二六年一〇月に山口県佐伯の鶴谷学館の教師となるが、講演で、郷土の誇り、政論家で政治小説でも知られる末広鉄腸を批判し、排斥運動にあったことにも、彼がキリスト教徒だったこと以外にふだんの態度が多分に絡んでいたことだろう。一〇か月で東京に舞い戻り、『国民新聞』の記者になった。

日記というものを、己が魂の伝記のように考えることも、一種、傲岸な態度といえないこともないが、自身の煩悶や思索の内容を日記につづることは、日本では、ここにはじめて行われたといってよい。むろん、のちに公刊されたもののしか、われわれは知りえないのだが。これはどこからきたのか。

国木田独歩は日記の各冊の表紙に「欺かざるの記」というタイトルを書き付けていた。自他ともに欺くことなく、自身の考えや感情を率直に書くことを肝に銘じておくためであろう。独歩は明治二四年に入信しているから、教会の懺悔、あるいは懺悔録を転用したともいわれる。だが、懺悔は心の罪の告白が中心であり、懺悔を「二月三日という日が、自分にとって謎である」などとはじめる人はいない。

七年後だが、有島武郎がやはり二三歳のときの日記を覗いてみよう。明治三三年四月四日。

自ラ顧ミテ我ガ眼ヲ撫シ、口ヲ撫シ、手ヲ見、胸ヲ抑ヘテ如何ト見ル時、我ハ実ニ恨改ノ涙ニ咽《ムセ》ブ。我ガ手ハ誠ニ血ニテ汚レタリ。我ハ嘗テ此手ヲ以テ諸種ノ不善ヲ行ヘリ。我ガ指ハヨコシマニテ汚レタリ。嗚呼然リ、我ハ長キ間一時ノ教情《ボツジャウ》ヲ制スル能ハズシテ痴夢ヲ脳裏ニ画《エガ》キツヽ邪淫ヲ行ヒヌ。我ノ唇ハソモ幾干《イクカン》ノ虚偽ヲ云ヒ我ガ舌ハソモ幾干ノ悪ヲサ、ヤキケン。……

キリスト教入信前だが、これが典型的な懺悔録である。それから五年後、明治三八年になると、次のような調子に変わる。五月三日。

神ヨ、余ハ此ニ筆ニスルダニ戦《ヲノノ》キニ堪エザルコトアリ。余ハ余ノ謬レルヲ知ル。余ハ余ノアルマシキコトナルヲ知ル。余ハ暫ク信子氏ト相遇ハザリキ。而シテ今日偶《タマタマ》彼女ト遇ヒテ、余ノ心ノ中ニハ嘗テ彼女ニ対シテ経験セザリシ恐シキサレド甘キ感情満チヌ。彼女ノ一瞥一語ハ余ノ心ヲ躍ラシム。余ハ彼女ノ面前ニアリテ一種深奥ナル悲哀ヲ感ズ。彼女ノ凡テハ余ニ美シク見ユ。余ハ今ニ至ルマデ彼女ヲ愛シキ。サレドモ今日ハ単ニ彼女ヲ愛ステフ夫レニテハ余ノ心ハ不満ヲ感ズルナリ。サラバ余ハ彼女ヲ恋セルナルカ。叱《シッ》！　神ヨ、日記ハ爾《ナンヂ》ガ余ニ与ヘ給ヘル懺悔録ナリ。余ハ此紙ニ対シテ余ノ感情ヲイツハリ記スコト能ハズ。故ニ今余敢テイツワラズシテ此事ヲ記シヌ。嗚呼神イカナレバ人ノ子ヲ試ミ給フヤ。……

独歩も失恋の苦しみのなかで、神が自分に試練を与えていると書き付けている。だが、神に向かって、告白したりしない。

当時、知られていた『懺悔録』は、ジャン＝ジャック・ルソー『*Les Confessions*』（歿後の刊行、森鷗外によるドイツ語訳からの抄訳「懺悔記」、自由新聞、明治二三年一〇月）は自伝、レフ・トルストイ『*My Confession*』（1882）はエッセイで、どちらも日記体とは、ほど遠い。トルストイのそれは、教会が戦争に反対しないことに疑問を突きつけ、『ヨハネの福音書』の「わたしは道であり、真理であり、命なのです」をイエスは生命の覚醒の宗教を開いたと解釈し（『要約福音書』、*Краткое изложение Евангелия*, 1881）、「神は生命である」という独自の信仰に至った経緯を語るものである。なお、独歩の日記は、明治二六年三月三一日にモルレー『ルソー伝』（不詳）を読んだこと、同年六月一五日から、翻訳の稽古のためにトルストイ「コサックス」の英訳に取り組みはじめたことを告げている。

先の一〇日夜の記事の最後には、次のようにある。

吾が書架にはエメルソン、カーライル、ユーゴー、聖書、ウオーヅウオルス、バーンス、ゲーテ、論語、王陽明、荘子、英国史、列を連ねて吾を瞰下す。

これから読破すべき書物の数々である。「バーンス」は一八世紀スコットランドの国民詩人、ロバート・バーンズ。『英国史』は、ヘンリー・トマス・バックルの『*History of Civilization in England*』（1821-61）の翻訳版（一八七九）だろう。そして、トマス・カーライル『英雄論』『自信論』や『フランス革命史』、エマーソン『代表的人物論』、また『聖書』を読み進め、感服したり、益することあり、と記したり、歴史より伝記の方が貴いと感じたり、それよりもワーズワースの詩の方が人の情を潤すと考えたりする。

彼らを単に崇拝するというのではない。一六日には「彼等を征服し尽す可きなり、討死す可きなり」のことばも見える。イエス・キリストは除いているが。気宇壮大な志の持ち主だった。

三月二三日に人に語ったこととして出てくるなかの一節には、こうある。

人はクリストなる可く、又た孔孟たる可く、エマルソンたる可し、彼れ人間なればなり、然れどもクリスト、孔、仏の類たるを得ずと雖《いへど》も毫《がう》も恥ずる所なし、其人にして全心全力を注ぎて一生事業に当りしならば。何とならば渠は能《あた》ふ丈けをなしたればなり。

この至高を目指してやまない精神は、植木枝盛のそれに似ている。独歩も独立自尊の精神を王陽明から学んだようだ。だが、謙虚さも備えており、自己妄想のうちに舞い上がったりしない。そして、自身の煩悶について、エマーソンが、社会は「青年の目前には、謎語の如く見え、岩石の如く見ゆる」云々といったことをヒントにして、志の高い少壮の青年と社会との関係の問題に収斂させてゆく（二月二一日および三月七日記事）。先の「謎語」にも、これが響いていよう。このような独歩の日記の書き方にヒントを与えたのは、一八八二年、当時、アメリカで最も著名な思想家、エマーソンが歿し、膨大な日記兼思索ノートが遺され、そこには、彼のエッセイや講演のノートが書き付けられていたことが報じられたことではないだろうか。あるいは、それこそが彼の自伝にあたるものと評されたか、独歩がそのように感じたのではないだろうか。いま、それ以外には、考えつかない。ただし、それが整理され、『*Ralph Waldo Emerson's Journals*』の最初の一〇巻本の刊行がはじまるのは、一九〇九年のことである（一九一四年完結）。

日記の発表

国木田独歩の『欺かざるの記』は、明治二七年（一八九四）九月に国民新聞社に入社、一〇月、日清戦争に従軍記者として赴き、翌二八年三月に帰還して後も、そこに展開される世界観は、北村透谷がキリスト教を離脱し、エマーソンの超絶主義に同調をはじめた「内部生命論」（明治二六年）以降のそれとさして変わらない。だが、六月初旬に佐々城家の令嬢、信子と知り合ってからは、恋愛日記の体をなしてゆく。

明治二八年八月二三日。
○一昨日は殆んど終日嬢の家に在りたり。午前九時より午後十時まで。別れに（望《ママ》）んで、庭に送り、裏門の傍に、キッス、口と口と！
九月八日。
嬢よ。此の普通をはなれたる青年に全心の愛を捧げたるは不幸なる哉。嬢よ、許せ、あゝ吾を許せ。

この「全心」は、数行のち、「全身」に変わる。だが、あまりに境遇のちがうふたりの結婚に、佐々城家や同僚たちは反対するが、それを押し切って、ふたりは一一月に結ばれ、北海道の空知川の岸辺に移住の地を探るなどした。ところが、翌二九年四月一二日、信子は、独歩とともに歩むことはできないと、失踪する。一八日には「信子死を決す。十二日より絶食」との電報が届く。

想像も何も及ぶ所に非ず。苦悶は鉛の如く血管をころがる。

二五日には離婚が決まる。そのあたりは、失恋日記の体をなす。独歩は、霊肉の葛藤に苦悶し、離婚の後始末をめぐって、「浮世」に生きる人々に直に向きあいもした。『欺かざるの記』は、半ば発表を意識して書かれていた。たとえば、信子との離婚が決まる以前のことだが、こうある。

三月三十日の夜、潮田チセ姉、佐々城愛子を伴ひて来宅す。愛子は信子の妹なり。

自分のための備忘録なら、「愛子は信子の妹なり」は、不要だろう。のちの書き入れと思しい個所も見える。が、それがいつのことかはわからない。

独歩は「天地人生の不思議」に慨嘆し、「人生とは何ぞや」と繰り返し問う。そして、明治二九年五月に、一旦、『欺かざるの記』を書くのをやめる。過去を捨てる決意だった。だが、八月から再開したことが現行の『定本 国木田独歩全集』(学習研究社、二〇〇〇)ではわかる。東京郊外の渋谷村に居を得たことも記されている。その渋谷村が「今の武蔵野」の舞台となった。

文芸家、独歩の歩みがはじまるのは、ここからである。後世の杜撰な文学概念は、写実主義に向かったなどと評してきた。が、それが自然の背後の「永遠なるもの」という目に見えない観念をその印象の描写に具体化する象徴主義であることは、すでに前章で述べた。

独歩は過去を捨てたとき、それまでの日記も捨てたはずである。ところが、独歩は『欺かざるの記』の記事をもとにエッセイ「苦悶の叫び」（明治二八年三〜四月）を書く。「今の武蔵野」（明治三一年一〜三月）に、再出発後の日記兼ノートが活かされているのは当然としても、「不思議なる大自然」（明治四一年二月）は、それ以前の記事をもとにしている。そして、その間、抜粋を「狂熱日記」と題して『明星』明治三四年一〇月号から三回にわたって寄稿した（掲載名は「独語」）。これは、日記の抜粋を雑誌に掲載した嚆矢ではないだろうか。

直接、原稿料にならなくとも、それがきっかけになり、売文の道がひらけるかもしれないと考えたからだろう。まだ、芸術としての小説やエッセイで生活が立ち行く時代ではなかった。それが訪れるのは、一九二〇年代のことである。結局、独歩は出版社を自ら経営する道を選ぶ。その小説も、その企画も、後世に大きな道をひらいた。

正岡子規と清沢満之

日記記事の雑誌掲載は、前章でふれた正岡子規の「雲の日記」があった。が、それは日常の生活記録でも思索の跡でもない。子規は明治三四年一月から七月まで、新聞『日本』に、子規自身のつもりでは批評「墨汁一滴」を連載。その後の明治三四年九〜一〇月の日記「仰臥漫録」は、のち、『ホトトギス』明治三八年一月号に付録として発表される。食べ物日記がつづくところもある。自筆の挿絵も入っている。そして明治三五年五月から九月一七日、脊椎カリエスが昂じて亡くなる二日前まで、『日本』に感想録「病牀六尺」を連載した。新聞連載の場合、前日までにつづった日録に近いものになる。ほとんど何も書けない日があるのが痛ましい。それでも、『日本』は病床の子規を支えつづけた。

その「病牀六尺」の六月二三日（二一日記）に、次の一節がある。

○今朝起きると一封の手紙を受取つた。それは本郷の某氏より来たので余は知らぬ人である。その手紙は大略左の通りである。

拝啓昨日貴君の「病牀六尺」を読み感ずるところあり左の数言を呈し候《そろ》
第一、かかる場合には天帝または如来とともにあることを信じて安んずべし
第二、もし右信ずることあたはずとならば人力の及ばざるところをさとりてただ現状に安んぜよ現状の進行に任ぜよ痛みをして痛ましめよ大化のなすがままに任ぜよ天地万物わが前に出没隠現《いんけん》するに任ぜよ
第三、もし右二者ともにあたはずとならば号泣せよ煩悶せよ困頓《こんとん》せよしかして死に至らんのみ

小生はかつて瀕死の境にあり肉体の煩悶困頓を免れざりしも右第二の工夫によりて精神の安静を得たりこれ小生の宗教的救済なりき知らず貴君の苦痛を救済し得るや否をあへて問ふ病間あらば乞ふ一考あれ　（以下略）（記事のまま―引用者）

この親切なるかつ明鬯《めいちやう》平易なる手紙ははなはだ余の心を獲たものであつて、余の考もほとんどこの手紙の中に尽きて居る。ただ余にあつては精神の煩悶といふのも、生死出離の大問題ではない、病気が身体を衰弱せしめたためであるか、脊髄系を侵されて居るためであるか、とにかく生理的に精神の煩悶を来すのであつて、苦しい時には、何ともかとも致しやうのないわけである。しかし生理的に煩悶するとても、その煩悶を免れる手段はもとより「現状の進行に任せる」よりほかはないのである、号叫し煩悶して死に至るよりほかに仕方のないのである。……

手紙は、浄土真宗改革派をリードした仏教哲学者、清沢満之からのものである（本章冒頭「修養の季節」でふれた）。清沢は明治二〇年に東京大学文学部哲学科を首席で卒業。宗門改革の一環として自ら禁欲生活を送るが、それがたたり、明治二七年には肺結核を発病していた。清沢が活動の拠点にした真宗大学は、明治三一年（一八九八）に京都から東京に移転。翌年には、本郷森川町の近角常観《ちかずみじようかん》の留守宅で、私塾浩々堂を開いて活動していたので、その住所が書いてあったのだろう。このころには欧米視察から帰った近角常観とともに、『歎異抄』の再評価を中心に、かなり勢いをひろげていた。正岡子規は、松山の士族の文化を引きずっていた人だが、信仰には関心をもたなかったので、清沢の名前を知らなかったのだろう。

子規はかつて、フランスの唯物論哲学に学んで独自の哲学を展開した中江兆民が、余命一年半と宣告され、衝撃を受け、随筆『一年有半』（一九〇一）を刊行したとき、『仰臥漫録』一〇月一五日に、次のように書いた。


兆民居士の『一年有半』といふ書物世に出候よし新聞の評にて材料も大方分り申候　居士は咽喉《のど》に穴一つあき候由吾らは腹背中臀《しり》ともいはず蜂の巣のごとく穴あき申候　一年有半の期限も大概は似より候ことと存候　しかしながら居士はまだ美といふこと少しも分らずそれだけ吾らに劣り可申候

死を迎えることは「理」でわかるが、「美」をもって慰めにすべきと論じた。哲学万般に関心を注いでいた清沢満之は、これを読んでいたかもしれない。「理」と「美」と「信」をめぐる当時、第一級の人物のあいだで意見が交わされた興味深い一シーンといえよう。

清沢満之は、といえば、明治三一年八月～三二年四月、求道の思索の跡を日記『臘扇記』に記していた。「臘扇」は、臘月（一二月）の扇で役立たずのこと。僧侶の自伝は多いが、そして自伝には手控えが必要だが、僧侶の懺悔の日記は、寡聞にして知らない。わたしは清沢の日記も、エマーソンの日記にヒントを得たものと想っている。そして、清沢は、それを抜粋し、明治三五年に「絶対他力の大道」と題して『精神界』（第二巻六号）に発表する。これについては、のちにもう一度ふれる機会があろう。

『欺かざるの記』は、独歩が一旦、記載をやめたところまでが、独歩歿後の明治四一～四二年（一九〇八～〇九）に前後篇に分けて田山花袋らの校訂により、それぞれ左久良書房、隆文館から刊行された。ふたつの版元は、いわば縁つづきらしい（自筆稿八冊のうち、先行する第一冊と渋谷移住後の三冊を除いて、今日では校訂と補追が行われている。残りの四冊は日の目を見ないままになった）。その刊行は、「人生とは何ぞや」と問い、煩悶する青年が増えつづける世相に向けたものだった。ヒットはしなかったようだが、若い知識層の日記の書き方にはたらいたことは確実である。

啄木『渋民日記』と管野須賀子の獄中日記

日露戦争後は、どうか。故郷渋民村に帰って代用教員をしていた石川啄木の日記を覗いてみよう。日露戦争終結後、半年ほどした明治三九年（一九〇六）三月四日の記事を引く。「文明の暴力はその発明したる利器を利用して駸々《しんしん》として自然を圧倒して行くのだ」と文明批判が覗き、そして「持つて生れた自然の心」や「自然といふ永劫真美の存在」を尊ぶ姿勢を示し、また「芸術は人間最高の声である。直ちに宇宙の内在に肉薄した刹那の声である」とも書いている。芸術至上主義が覗き見える。

三月一九日の記事には、朝から泥酔してやってきた「放漫な若旦那育ち」の従兄弟の人生を持て余した態度を指して、「所謂『生命の倦怠疲労』を感じて」とある。日記のなかで、彼を「憐れむべき小フォーマ、ゴルヂエフ」と呼んでいるのは、ロシアの作家、マキシム・ゴーリキーの長篇小説『フォマ・ゴルデーエフ』（*Фома Гордеев*, 1899）を踏まえたもの。「生命の倦怠」が知的青年層には流行語のようになっていたことがわかる。

その翌日、三月二〇日の日記には「人間は自己の利益のために生きるものなのか、他者あるいは社会のために生きるものか、自分にはそのどちらの傾向もある」という一節が見える。そして、次のように記している。

然しこの二つの矛盾は只余一人の性情ではない。一般人類に共通なる永劫不易の性情である。自己発展と自他融合と、この二つは宇宙の二大根本原理である。

宇宙の根本を絶対意志に帰したショウペンハウエルの世界観は、実に十九世紀に於ける最大発見の一つであつた。

「宇宙意志」が「生の盲目的意志」としてはたらくゆえに、人間は苦悩すると説くショーペンハウアーの哲学は、国際的に厭世主義のように受け取られていたが、実際は、古代インド哲学のラテン語訳を参照し、解脱を説くものだった。自殺も一種の自己解脱だが、本当の精神的解脱を目指すべき救済と説く。

人間の本性は霊（精神）か、肉（肉体）かという論議が盛んになっていた。その「肉」すなわち性欲に人間の本性を見、それに悶えて生きることが人生観上の「自然主義」のようにいわれるようにもなった（片上天弦「人生観上の自然主義」『早稲田文学』明治四〇年一二月号）。むろん、文芸上の「自然主義」ではなく、という含意だが、現世の煩悩に生きることが涅槃に通じると説く「煩悩即涅槃」とどこがちがうのか、とまぜっかえしたくもなる。

なお、先の石川啄木の『渋民日記』の一節は、独歩『欺かざるの記』がまだ刊行されていないときのものだが、『明星』に投稿していた啄木が独歩の日記を抜粋掲載した号にふれていることは確実だろう。中学を卒業すれば英語は読みこなせたから、エマーソン『日記』を購入しなくとも、何かの機会に覗くことはできる。若い知識層から、修養の季節の訪れに促されて、日記に哲学的な考察を書き付けることがひろがっていったようだ。

石川啄木が明治四三年（一九一〇）、大逆事件ののちに記した「時代閉塞の現状（強権、純粋自然主義の最後および明日の考察）」（生前未発表）は、日本の「自然主義」文芸が混迷に陥っていることを正確に指摘し、国家の強権下、時局に対する批評を訴えていたことはよく知られる。

死刑の宣告を受けし今日より絞首台に上るまでの己れを飾らず偽らず
自ら欺かずきはめて卒直に記し置かんとするものこれ

明治四十四年一月十八日　須賀子（於東京監獄女監）

管野須賀子《かんのすがこ》の獄中日記『死出の道草』の序言である。日記というものは「自ら欺かずきはめて卒直に記し置」くものと定まっていた。いや、そうでなかったからこそ、彼女は、このように、書き付けたのである。そして、この日記が人びとに読まれるであろうことを予想している。いや、読まれなければならないと思っている。須賀子はペンネーム。管野スガは、大逆罪で死刑に処された一二人のうち、唯一人の女性だった。

……私は、我々の今回の犠牲は決して無益でない。必ずなんらかの意義ある事を確信してゐるのである。故に私は絞首台上最後の瞬間までも、己れの死の如何に貴重なるかといふ自尊の念と、とにかくにも主義の犠牲になつたといふ美しい慰安の念に包まれて、いささかの不安・煩悶なく、大往生が遂げられるであらうと信じてゐる。

一月一九日の日記の一節である。二四日、幸徳秋水ら一一人が刑死した翌日、二五日に彼女は刑の執行を受けた。『死出の道草』は、一週間ほどの短い日記にして遺書だった。

阿部次郎『三太郎の日記』

修養の季節、若い世代の日記の書き方に方向転換を促すようにはたらいた日記が、もうひとつある。阿部次郎『三太郎の日記』（大正三年、一九一四）である。その巻頭に置かれた「断片」

は、青田三太郎という人物が自分の日記を開き、この三年間、自分が本当に考え、感じていると確信がもてることなど書いてこなかったと反省するところからはじまる。

わからぬのを本体とする現在の心持を、纏《まとま》つた姿あるがごとくに日記帳の上に捏造して、暗中に摸索する自己を訛伝《かでん》する、後日の証拠を残すやうなことは、ふっつり思ひ切らうと決心した。

「訛伝」は誤って伝えること。自分の心は常に動揺し、戸惑いや惑乱に満ちていることを見つめ直し、自己とは何かについて哲学的なことをいろいろ考えたあげく、次のように終わっている。

結論は俺には何もわからないと云ふことである。
かう書いて三太郎は日記帳を再び抽斗《ひきだし》の奥に投げ込んだ。さうしていつの間にかついてゐる電燈を仰いで薄笑をした。遠くの方から蛙の声が聞えて来る。
（明治四十五年四月二十三日夜）

この「薄笑」は自嘲だろう。遠くから聞こえる蛙の声も、自分を嘲笑う声のように聞こえたととることもできる。だが反面、その薄笑いは、結局のところ、自分には自分がわからないということを正直に書くことができた、という歓びの笑いでもあろう。とすれば、蛙の声は、それを祝福してくれているようにもとれる。といっても、自分で自分がわからないということがわかったにすぎないのであってみれば、別段、たいしたことではないのだから、せいぜい、薄笑いにしかなりはしない。

そのようにして過去の日記を閉じて、本篇は「痴者の歌」からはじまる。日付は、明治四四年八月一四日。これは、机の引き出しに放りこまれたノートに、せいぜい八ヵ月前に書き付けられた記事、すなわち、「自己訛伝」の一部である。『三太郎の日記』は出だしから、人を食っている。

「痴者の歌」は、取り返せない過去を悔やむ心を「焼け跡の灰」にたとえ、「焼け跡の灰は痴者の歌である」という。そして、「新生の歌」が響くことなどない「自分はせめて痴者の歌をきいて涙を流したいと思ふ」と結ぶ。悔やんでも悔やみきれない過去を思い返す自分を嘲《あざけ》りながらも、憐れんでいる。

「三太郎」は、いつのころからか、わからないが、「大馬鹿三太郎」などと用いられ、愚か者の代名詞だった。明治期までの知識人が偉容を誇ったのとはまったく異なる役柄を、阿部次郎は「三太郎」という人物に仮託している。一種のセルフ・パロディー(自己戯画化)だが、滑稽めかしたパフォーマンスではない。自分を嘲笑えば嘲笑うほど、悲哀も増すアイロニカルなしくみの文章で、日々の思索をつづってゆく。日付だけでなく、夜、午前などまで特定して書いている日もある。

「十二、影の人」（明治四五年一二月一日）に、三太郎が、自らの前身を明かすところがある。「瀬川菊之丞」という名で、論理学が得意で、「自分の思想行動経験気分を検査して一々そのコンゼクヱンツを討《ただ》さなければ気がすまなかつた」とある。「コンゼクヱンツ」は、ここでは論理的一貫性。一貫性を求めているばかりでは、生活が空虚になること、自由に束縛を加えることになるため、その一貫性を検査することから抜け出すために、神に頼んで転身し、「可なり矛盾した事を平気で云つたりしたりすることが出来るやうになつた」という。が、「もつと気まぐれにものを云ひ、もつと気まぐれに身を処することを切に望んでゐる」として、三太郎の幻想の力によって、「三太郎から物質と社会と論理との束縛を解き去つた」「三五郎」なる人物にさらに転身し、「益々その場限りのことを云つて辻褄の合はぬ出鱈目を並べよう」という。そして、その三五郎を「影の人」と呼ぶ。

「十三」では行分け詩のかたちで、ぞんざいなことばづかいの戯詩を書いてみせる。阿部次郎が「三太郎」なる書き手を想定しなくてはならなかった理由も、三太郎が論理を駆使しながらも、情調を重んじ、ニュアンスに富んだ表現を好む所以も、これでわかる。が、「三五郎」は、その後、活躍しない。

「十五、生存の疑惑」から、日記を書くのを打ち切ったはずの日を通り越して、大正二年（一九一三）の日付に代わる。打ち切ったこと自体が揺れ動く心の一コマであったことになる。

「十六、個性、芸術、自然」（大正二年九月一一日）には、次のようにある。

生命を、創造を、統一を、強調するは歓迎すべき思潮である。しかしこれらのものを強調すると称して、創造の世界における差別の認識を、生命の発動における細部の浸透を、念頭に置かざるがごとき無内容の興奮に賛成することが出来ない。否、啻《ただ》に賛成が出来ないばかりではなく、私は彼らのいはゆる「生命」、いはゆる「創造」、いはゆる「統一」の思想の内面的充実を疑ふ。

彼が「内面的充実を疑ふ」人びととは、武者小路実篤が率いる『白樺』の一派だろうか。このころ生命主義の傾斜を深めていた島村抱月の門下に集う『早稲田文学』の一統をも含んでいるかもしれない。いや、もっと一般的傾向かもしれない。三太郎が微細な「心の影」をとらえることをしばしばいうのは、「自然の衝動」が細部に浸透しなくてはならないからだった。三太郎は、ファン・ゴッホについて、次のようにいう。

……実によく自然の心をつかみ、物の精を活かした画家であつた。……ゴーホは自然を心の横溢と見た。さうして自分も自然と一つになつて燃え上つた。……彼の活かさむとした処は、恐らくは自己でなくて自然であつたであらう。むしろ自然を包む霊であつたであらう。

「自分の中から発する自然の衝動」は、どうやら、「自然を包む霊」と通じるものらしい。「霊」

はスピリッツ。阿部次郎は、ゴッホのスピリチュアリズムをとらえていた。『三太郎の日記』は、このようにして人生論や芸術論を展開し、「大正三年一月一八日」で終わっている。大正三年四月に、東雲《しののめ》堂から刊行された。

その巻末には、日記体の「親友」（明治四一年）や書簡や日記で構成する小説「狐火」（明治四四年）や、折にふれて新聞・雑誌に発表した評論がまとめてあった。そのうち、「内生活直写の文学」（明治四四年）、「内生活直写の文学（再び）」（明治四五年）は、作品を構成することに力を注ぐことより、内から湧き出るものをその情調とともに率直に表現する芸術の方が自分には適していると述べている。ドイツの哲学者、フリードリヒ・ニーチェが『音楽の精神からの悲劇の誕生』（*Die Geburt der Tragödie aus dem Geiste der Musik*, 1872）で、造形芸術をアポローンの理性によるもの、音楽をディオニソースの情念の迸りにたとえ、ギリシャ悲劇をそれらの総合芸術と賞賛し、リヒャルト・ヴァーグナーの楽劇をその再生と論じたことを参照し、一種のディオニソース型の芸術として「日記」を記すことを述べたのである。それを実践に移したのが『三太郎の日記』だった。

生活芸術としての日記

ニーチェのいうディオニソース的なものは、ドイツの哲学者、エドゥワルト・フォン・ハルトマン『無意識の哲学』（*Philosophie des Unbewussten*, 1884）によって、すでに無意識の普遍性に転換されていた。ハルトマンの美学は森鷗外によって、翻訳されていたが、ニーチェ歿後に、日本でニーチェ・ブームが訪れていた。ニーチェは国際的にも、「自然の生命」「宇宙の生命」を奉じる生命主義（ヴァイタリズム）の先駆とみなされていた。*

＊ニーチェは、キリスト教を生理学で批判し、さらには、一切の概念を捨て、「いま、ここ」の生命のありのままに接近することを企てていた。それゆえ長く、生命原理主義の先駆者とされていた。が、遺稿集『権力への意志』（*Wille zur Macht*）の断片一〇六三では「いま、ここ」の生命の普遍性（「永遠の今」）を保証するものをエネルギー保存則に求めている。つまりニーチェは、宇宙を動かすエネルギーを神の位置においていたことになる。

他方、イギリスで産業革命の生んだ価値観に対抗し、スピリチュアルな生命エネルギーを尊重するカーライル、ラスキンの系譜を引くウィリアム・モリスが民衆の生活に芸術を取り込み、また芸術を自然や都市の景観を含めて民衆の生活を美化するためのものに変革することを訴えた思想も、「生活の芸術化、芸術の生活化」と標語化され、フランスの哲学者、アンリ・ベルクソンが『創造的進化』（*L'evolution créatrice*, 1907）で説いた「生命の跳躍」によって文化も進化するという観念などと渾然一体になってひろがってゆくこととなる。ただし、モリスは民衆の生活を芸術で満たすには社会主義に進まなくてはならないと訴え、イギリスで最初にマルクス主義を名のったため、明治四三年（一九一〇）の大逆事件以降、社会主義が徹底して取り締まられるなかで、表立ってふれられることはなかった。
だが、たとえば永井荷風が文壇でも評判の芸者、内田八重との仲をつづった随筆「矢はずぐさ」（大正五年、一九一六）の一節には、次のようにある。

大凡《おほよそ》の人は詩を賦し絵をかく事をのみ芸術なりとす。われも今まではかく思ひゐたり。わが芸術を愛する心は小説を作り劇を評し声楽を聴くことを以て足れりとなしき。然れども人間の欲情もと極る処なし。我は遂に棲むべき家着るべき衣服食《くら》ふべき料理までをも芸術の中《うち》に数へずば止まざらんとす。進んで我生涯をも一個の製作品として取扱はん事を欲す。……我が生涯を芸術品として見んとする時妻は最も大切なる製作の一要件なるべし。

自分の住まいにも美を求め、「我が生涯」を芸術と見なすとき、妻もその一部となるというのである。そして、荷風の筆は、八重が妻として家にいたころの庭や食事、食器、骨董の類に及んでゆく。この考えが東京の変貌に呪詛を投げつけ、失われた江戸の庶民の生活情緒を懐かしむ『日和下駄』（大正四年）を生んでいたことも容易に知れよう。
このように世の中の変貌に対して、「生命」や「生活」を根本に据える思想が盛んになるなかで、日記を生活芸術に転じた『三太郎の日記』は、好意的な書評を受け、阿部次郎は、折にふれての随想を新聞・雑誌に発表、それらを『三太郎の日記　第二』にまとめ、大正四年二月に創業期の岩波書店より、自費出版で刊行した。これらは、テーマを明確にし、一章一章の長さもほぼ均一で、日付を明記した随想集といってよい。最初の『三太郎の日記　第一』も、巻頭の「断片」は、明治四五年、『スバル』五月号に、はじめの数章は『読売新聞』に「三太郎の日記」と題して発表したものだった。が、その後は、その日の感興により、長さもまちまちだったのに比べるとだいぶ趣がちがう。そして、『第二』には、『第一』に付録としてつけられていた「親友」「狐火」と連作になる日記体の小説「西川の日記」が巻末に付録として付してある。

大正七年（一九一八）には、『合本・三太郎の日記』が岩波書店から刊行される。その後の随想類を「第三」としてまとめ、評論は除外し、付録として、『第一』『第二』の小説三篇に「痴人とその二つの影」を併せて収録した。あとがきにあたる文章で、阿部次郎は、『三太郎の日記』は「内生の記録であつて哲学の書ではない」こと、「物の感じ方、考へ方、並びにその感じ方と考へ方の発展の径路」であることを強調している。阿部次郎はそのころから、ドイツのテオドール・リップスが唱えていた感情移入美学と、普遍性の獲得を目指して人格の向上をはかる人格主義に歩んでゆくコースを、すでに想定していたのだろう。

感情移入美学は、他者や対象の理解は相手に感情を移し入れてこそ成り立つと説くが、それには絶えず誤解がつきまとう。それを解決するため、各自が普遍的な人格、つまりは神に近づく努力を重ね、それにより、社会全体がよくなると考えるのが人格主義である。社会主義が盛んになると、ブルジョワ思想の典型のように見なされ、攻撃されることになる。だが、それはのち、一九二〇年代のことである。このころにはまだ、阿部次郎本人の心づもりにすぎなかった。絶えず揺れ動きながら、彷徨する精神の軌跡を書き留めた『三太郎の日記』は、多くの知的青年たちに読まれ、「彷徨」は長く隠れた流行語となった。

本間久雄『日記文の書き方』

ここで、本間久雄『日記文の書き方』（新文章速達叢書、止善堂書店、一九一八）を紹介しておきたい。本間久雄は、当時は早稲田大学講師、英文学者として活躍、『早稲田文学』編集長をつとめ、とりわけスウェーデンの女性解放論者、エレン・ケイの民衆芸術論などの紹介者として、かなり人気を集めていた。

『日記文の書き方』は、尋常小学校の上級からその上の高等小学校の生徒あたりを対象にしたハウトゥーものだが、時代思潮を色濃く反映している。日記を書くことは生活の反省と向上、すなわち「人格の修養」に最適であり、また文章の練習にも適していると説く。文章の目的は「真実を表現すること」にあり、文章は「人格の現れ」と述べ、「『日記』は生活の記録であると共に一面『生長進歩の記録である』」と説いている。

すでに人格主義の思想に立ち、「文は人なり」という格言を、その考えで解釈している。[*]「修養」のひろがりを土台に、リップスらの、人格の向上をはかる人格主義を受けとめた武者小路実篤らが「生長」を合言葉のように用いていた。武者小路の場合でも、それは神に近づこうとする努力である。

＊なお、「文は人なり」は、フランスの植物学者として知られるジョルジュ・ルイ・ビュフォンがフランス科学アカデミー入会演説『文体論』(*Discours sur le style*, 1753)で「文章(phrase)のすぐれた著作だけが後世に残る、些細な物事ばかりを対象とし、趣味も気品も才能もない文章で書かれていれば、やがて著作は滅びる。なぜなら、知識や事実や発見は他者により、どうにでもなるのに対して、文体(style)は、その人間そのもの」と述べたことに由来する。一六世紀のモンテーニュ『エセー』は、その序で、自分自身の気質(temperament)を率直に示し、自分がどんな人間であったか、子孫に知ってほしい、と述べていた。知識人の国際共通語、修辞法の発達したラテン語ではなく、母語のフランス語で書くことこそ、その人の思想の素肌を伝えることができるという考えがフランス人文学の根底に流れていた。

ところが、それが日本では、言語のちがいや才能溢れる文体の問題などではなく、文章には人格が現れるという意味に一般化されて受け取られた。おそらく、中国古代、前漢の揚子雲の遺したことばに「書者心画也」(書は心の画なり)があり、書には人品が現れるという考えが伝統として流れていたからではないだろうか。この「書」は書道の書で、「詩者心声也」(詩は心の声なり)に対していわれたものだった。

本間久雄は、日記を書くことが趣味や娯楽にもなると付言している。ここにはウィリアム・モリスの「芸術の生活化、生活の芸術化」の主張が踏まえられていよう。本間は、第一次世界大戦後、日本が傘下にＩＬＯ（国際労働機関）を抱える国際連盟の常任理事国になり、労働組合運動と社会主義思想を一定程度解禁すると、すぐに『生活の芸術化（ウィリアム・モリスの生涯と芸術）』（一九二〇）を刊行している。

日記の記録としての重要性について述べたところでは、古来の日記の数々をあげ、同じ年、新潮社から刊行された国木田独歩『欺かざるの記』にもふれている。その途中の章題に「微細な心の影をも把へよ」とあり、自己内面の注視を勧めているのは、阿部次郎『三太郎の日記』を承けたものである。

第六章「日記文々範」は、谷崎精二、中村星湖ら現役作家の日記を紹介し（依頼して集めたのだろう）、「簡潔なる自然描写」の項には、国木田独歩「武蔵野日記」と正岡子規「病床日記」をあげ、さらに「二文豪の生活日記」として尾崎紅葉の漢文書き下し体の記録的な日記と、樋口一葉の日記から和文による感慨を述べた部分を並べ、とくに一葉のそれを「これこそ、真に偽らざる日記」と賞賛している。樋口一葉が自家の貧窮や他者への悪罵をつづった日記が他者の目にふれることを恥とし、焼き捨てよ、と遺言したことなど忘れられ、このようにして、「修養」という合言葉のもとに心の成長記録という目的が定まり、簡潔で要を得た記録を心がけるとともに、自然の観察や生活や内面の苦悩をつづる日記の書き方が規範にされていった。

絵日記を支えた理念

一九二〇年代には、この日記の書き方が、明治末に「綴り方」と名前が変わった児童の作文教育にも導入される。それには、心の底から自然にわき上がる生命の発露という意味が与えられ、「知・情・意」のバランスのとれた心を養うことの意味が感情を豊かにすることに力点を移し、いわゆる情操教育が盛んになる。絵と文とを別々の欄に分けた新しい様式の絵日記を試みる画家も登場する。自由画家運動と結びつけ、それを児童に課す先生が出てきてもおかしくないような時代に入る。

その考えは、詩人、北原白秋が文部省唱歌に対抗する「童謡」の理念として述べた「童謡復興」（大正一〇年、一九二一）に最も端的に示されている。「子供心は洋の東西を問はぬ」が、明治維新後の改革が「泰西文明の外形のみを模倣するに急」であったとして、いう。

お蔭で日本の子供は自由を失ひ、活気を失ひ、詩情を失ひ、その生れた郷土のにほひさへも忘れて了《しま》つた。こましやくれて来た。偽善的な大人くさい子供になつて了つた。功利的になつた。かなり物質的になつた。不純な平俗な凡物に仕上げられて了つた。五歳六歳まではまださうでない。彼等が小学に通ひ出すやうになると、殆どが同じ一様な鋳型にはめ込まれて、どれもこれもが大人くさい皺つ面《つら》の黴《かび》の生えた頭になつて了ふ。全く教育が悪いのだ。

この核心にあるのは「童心」という観念である。純粋無垢な幼児の心、それこそが「未生以前」に、そして大自然の根源につながる通路なのだ。天より与えられた「性命」の無垢の表れを示すものとして「童心」という語を用いたのは、中国・明末の思想家、李卓吾をおいてほかにない。幕末には牢獄のなかで吉田松陰がその著作に親しみ、明治期では、一九八九年、新聞『日本』を創刊した陸羯南が、その思想の革新性を称揚したのが知れるくらいだが、日清、日露の両戦間期から修養ブームのなかで陽明学が復活し、李卓吾の思想もかなり知られるようになっていたと推察される。

詩人の叡智はその研ぎ澄ました感覚を通じて、万象の生命、その個々の真の本質を一に直観する。真にその生命の光焔《こうえん》を直観し得る詩人でなければ真に傑《すぐ》れた詩人とはいへないであらう。

白秋「童謡私観」(大正一五年、一九二六)の一節である。天真爛漫、原始的素朴、単純、そして肉体的官能性こそが、いわば「生命」の本来の姿として考えられている。子供の「遊びの炎」のなかにこそ、生命の本源の姿があるとされる。

児童のための良質な芸術創出を旗印にした鈴木三重吉の『赤い鳥』などの活動も、この考えに支えられていた。その洗練されたハイカラ趣味の裏には、科学技術による物質文明の発展に国家の命運をかける支配層に対して、生命の根源からの回復を願い、神秘に向かう衝動が秘められていたのである。文部省唱歌に対抗する「童謡」運動は、小学校の教師たちの支持を集め、全国にひろがり、後のちまで懐かしみ親しまれた。

日本の「修養」は、ドイツの人格主義哲学や西欧ハイカラ趣味と入り混じり、一九二〇年代には「教養主義」のように呼ばれることになる。伊藤博文が設計した帝国大学が全体として官僚とテクノクラートの養成機関だったのに対して、モラトリアム化した高等学校生徒たちが、幅広い教養の担い手になっていった。

だが、「修養」の語も「修養日記」の語も消えることはなかった。昭和戦前期には、「修養日記」に対する反発も拾える。たとえば詩人、中原中也は昭和二年（一九二七）五月三日の日記に、こんなことを書いている。

> 修養日記といふ……、ともあれ反省したことを、それに就ける事実を書き付けるなんていふことが私には実に滑稽だ、――

自分にとっては、対象にふれて考えたことがすべてであり、自分が考えたことについて考える「勇気がない、私は徹頭徹尾詩人なんだと識《し》つた」とつづく。これは、直観を重んじ、概念化される以前のいわば無意識から湧いてくるものを歌おうとする彼の詩法と深く関係する。いわば阿部次郎のいう「心の影」を追うことに徹底しようとする考えである。その考えが世に流行する「修養日記」への反発を生んでいたことも、当時の知的青年の「修養日記」型の日記に書かれていたのである。

「生活の芸術化」の理念も生きつづけた。同じころ、中原中也と泰子を挟んで微妙な関係にあった文芸批評家、小林秀雄は「志賀直哉」(昭和四年、一九二九)で、志賀直哉にあっては「芸術活動」が「実生活と緊密に結合している」ことを力説している。

やがて、光度をあげた東芝の電球が、まぶしく部屋の隅々まで照らすようになった時期、宮廷の御簾の向こうにほの見える貴婦人の影をゆする蠟燭の灯や江戸時代の旅籠の行燈などの陰影美を礼賛する谷崎潤一郎の名随筆、『陰影礼讃』(昭和九年)を生む。これが逆立ちすると、保田与重郎『後鳥羽院』(一九四二)「増補新版の初めに」に端的に示されるように、アジアへ、そして太平洋に展開する皇軍の活動によって、日本の「神がたり」がまるで世界を覆いゆくかのような考えに至る。

「修養」の語も、第二次世界大戦時の書物の題名にも容易に拾える。だが、それは、日本の武士の道徳などナショナリズムを鼓吹するものに傾いていたことは容易に想像がつこう。「修養日記」が自身の内面の反省を目的とすることも、戦時中まで、はっきり意識されていた。東京医学専門学校に通う山田誠也という二一歳の青年の一九四三年三月二〇日の日記を引く。

○おれの日記はなんだ？　はじめの美しい決心はどこへいったのだ？　このごろは何もかもデタラメだ。この大嘘つきめ。／自分は心に考えてゐることを文章に書くと、急に第三者の眼で自分を眺めるから、それが嘘になる。他人が読まぬとわかつているものでも、自分に対して嘘をつく。未来の自分が読むときの心を思って嘘をつく。何にもならないことだ。

この青年は、敗戦後、探偵小説作家、山田風太郎として大活躍することになる。その『戦中派虫けら日記─滅失への青春』（未知谷、一九九四）の一節である。なお、『戦中派虫けら日記』は、この青年の叡智とともに、戦争下、都市の庶民の困窮ぶり、具体的には腹のすき具合が進んでゆくさまを最も克明に写した日記としても記憶されるべきだろう。

第二次世界大戦後、「修養」の語はカビの生えたもののように見向きもされなくなり、すっかり「教養」にとってかえられた。が、情操教育の復活とともに、小学校の夏休みの宿題に絵日記が課せられることに変わりはなかった。

「日記文学」の発明

一九二〇～三〇年代、「日記文学」「随筆文学」というふたつの古典ジャンルと「私小説伝統」という伝統が発明された。「私小説伝統」は、その淵源を「日記文学」に求めるもので、これらは一連の事態である。

『国史大辞典』第一一巻（吉川弘文館、一九九〇）の「日記文学」の項には、その語が「大正末から昭和初めに用いられ始め」たとある。「日記文学」という語の創始は英文学者、土居光知の『文学序説』（一九二二、増訂版一九二七、再訂版一九四九）に求められよう。論考「日本文学の展開」中「物語の時代」に「日記文学」と「随筆文学」とが登場し、それが嚆矢らしい。この書物は、神話学などの成果を組みこみ、原始状態からの芸術の発展段階を考える人類学の動きなども参照し、叙事文学―抒情文学―物語―劇文学という発展段階を想定するイギリス流の文学史観を柔軟に適用するもので、はじめて日本文学史を理論的に説いた書物として清新な息吹きを学界に吹きこみ、その後の『万葉集』研究などにも示唆を与え、第二次世界大戦後まで、長く参照されてきた。

平安時代は、散文が「実感の率直な告白から想像力による構成的表現の力を得つつあった」段階とし、「日記文学」については「多くは三人称で書かれ表現も回顧的」とし、『かげろふ日記』『和泉式部日記』、『伊勢物語』（『在五中将日記』）に和歌との関係を指摘して、「平安朝の日記文学は抒情詩と物語との中間に位する。自分の生活を反省し、その叙情的に高潮した刹那々々を連結して表現し、連続の相のもとに人生を観照する態度」と見、「自由に想像力を活かせて人生を描かんとする態度に進みゆく」、すなわちつくり物語に発展すると述べている。

だが、その流れに停滞や弛緩を感じた人びとは、逆に「刹那の潑剌たる印象を、緊張した断想を、そのままに書きつけた。それは枕草子、徒然草の如き随筆文学である」と述べている。

発展の契機を見るところに眼目をおき、「構成的表現の力」を指標にして、分析も検証もなしに直観的にジャンルを想定しているが、そもそも、土居光知が参照したイギリス文学史の発展段階論は、東アジア文化圏とあまりに時代も文化的基盤が異なり、海外文化との関係も日本とはちがいすぎる。

国文学の畑で長く指標とされてきたのは、池田亀鑑『宮廷女流日記文学』(一九二八)である。「日記文学」の指標として「作者の心境の表白」をあげ、「自照文学」という語を用いている。この語は、今日でもしばしばみかける。池田亀鑑はそれに先立つ論考「自照文学の歴史的展開」(『国文教育』一九二六年一一月号)では、「自己みづからの真実を、最も直接的に語ろうとする懺悔と告白と祈りの文学の一系列」とまとめ、「現在への陶酔と沈潜」である抒情詩に対して、「過去への思索と反省」、「『郷愁』ともいうべき一種の寂寥が伴っている」と評している。「自照文学の全盛時代」が「新しい眼で、国文学を解釈しようとする機運を導いた」とも述べている。「自照文学の全盛時代」とは「私小説」「心境小説」が盛んになった時代である。より精確には、一九二〇年代半ば、「大衆文学」と「プロレタリア文学」の勃興に圧されて、「私小説」は勢いを弱め、むしろさまざまな議論の対象になった時期である。

池田亀鑑の二年ほど先輩にあたる久松潜一も、大正末年から「平安日記文学」を講義で取り上げ、女性の「内面生活のリズム」の描出に「表現としての文学」的価値を論じ、「心境小説」と位置づけていたと、のちに回顧している（「日記文学の本質」『国文学―解釈と教材の研究』一九六五年一一月号など）。「内面生活」は『三太郎の日記』、「内的リズム」は口語自由詩を開拓した詩人、川路柳虹がキイ・ワードにしていた。

「心境小説」は、一九二〇年代半ばの文壇で「私小説」論義の中心課題であり、しばしば、作家が自分の内面を「直接語る」ということばが用いられていた。池田亀鑑「自照文学の歴史的展開」でも「自己みずからの真実を、最も直接的に語ろうとする」と述べられている。語り手の人物を造形し、語らせる「私小説」とは異なり、作家が直接に自分の心情を語る、という含意である。人称にはかかわらない。

先に引いた永井荷風「矢はずぐさ」の冒頭近くには、フランス語を用いて「ロマンペルソネル」（romanpersonnel, 私小説）を、ヨハン・ヴォルフガング・フォン・ゲーテが二五歳で新しい青年像を刻んだ『若きウェルテルの悩み』（*Die Leiden des jungen Werthers*, 1774）、フランス貴族のフランソワ゠ルネ・ド・シャトーブリアンがフランス革命の嵐を逃れて北米に渡り、アメリカ・インディアンのなかで暮らしながら、パリの憂愁の日々を回想する『ルネ』（René, 1802）を、日本では、尾崎紅葉「青葡萄」（明治三一年）、森田草平『煤煙』（明治四三〜大正二年）、小栗風葉「耽溺」（明治四二年）をあげたうえで、これから自分と八重との関係を書くが、人物造形をする手間を省いて「随筆」にすると述べている。森鷗外『舞姫』（明治二三年）からあげるべきだろうが、それはともかく、これが当時の文壇の常識だった。

ところが、この常識が通らない事態が生じた。作家、宇野浩二が小説「甘き世の話―新浦島太郎物語」（『中央公論』一九二〇年九月号）のなかで、次のように述べている（雑誌掲載時のまま。のち、細部を改稿）。

近頃の日本の小説界の一部には不思議な現象があることを賢明な諸君は知つて居らるゝであらう。それは無暗に「私」といふ訳の分からぬ人物が出て来て、……妙な感想のやうなものばかりが綴られてあるのだ。気を付けて見ると、どうやらその小説を作つた作者自身が即ち「私」らしいのである。大抵さう定つてゐるのである。だから「私」の職業は小説家なのである。そして「私」と書いたらその小説の署名人を指すことになる、といふ不思議な現象を読者も作者も少しも怪しまない。

志賀直哉「城の崎にて」（大正六年）のような、語り手を造形せずに、見聞と心境とを随筆風につづる作風を考えればよい。西洋でも中国でも、日本でも、そのころまでは、随筆形式のものは小説とはいわなかったのである。

だが、宇野浩二は「『私小説』私見」（一九二五）で、葛西善蔵が晩年に書いた随筆形式の

「椎の若葉」「湖畔手記」（ともに一九二四）を読んで感動し、「心境小説」を極めて特殊なものだが、「私小説」の変種と認めた。それゆえ「心境小説」が「日本に独自の私小説」といわれるようになったのである。そして、そのとき宇野浩二は、以前に言ったのは白樺派のものだと明かしている。

志賀直哉は、出発期に随筆スタイルの「或る朝」（一九〇八）の草稿を書いていたころ、ノートに「非小説」とメモを残している。「続創作余談」（一九二八）でも、「私では創作と随筆との境界が甚だ曖昧だ」と語っている。そこに否定的なニュアンスはない。そして、プラトン社の雑誌『女性』一九二四年一月号の随想欄に掲載された「偶感」を、短篇小説集『雨蛙』（一九二五）に収録している。いわば確信犯だった。このようにして随筆と小説のけじめがつかない状態がつくられていった。それには、佐藤春夫『田園の憂鬱』（定本版一九一九）が文学青年たちのあいだにブームを呼び、「心境小説」の代表のように見られるようになったこともはたらいていよう。主人公＝語り手の心境が開陳されるが、それなりに彼の生活ぶりも示されているからである。

国木田独歩「武蔵野」にせよ、阿部次郎『三太郎の日記』にせよ、「心境小説」にせよ、二〇世紀への転換期から日本の文芸の新しい方法の根幹には、意識が受け取った印象や想念のあるがままを再現する（かのような）「意識のリアリズム」が主流になってゆく動きがあった。絵画では、印象派の動きを受けて、高村光太郎「緑色の太陽」(一九一〇)が「もし、本当に太陽が緑色に見えたら緑色に描いてよい」という意味のことを宣言した。ハウトゥーもの(『新文章作法』無署名、新潮社、一九一三)でも、先入観を排して、自分が五官で受け取った感覚や印象を書くことこそ、個性を発揮する方法と説かれるようになっていた。「意識」のはたらきを対象にする欧米の哲学の動き(のちの現象学)が並行して展開していた。

実景や実感を尊重する態度は、古代から、中国の詩でも日本の和歌でも連綿とつづいていた。明治期には、政治家も軍人も企業家も漢詩をつくり、歴史上、最盛期を迎えた。日本漢詩の専門家のあいだの定説である。その経験のあるがままに立つ伝統的リアリズムは、漢詩や長歌を「改良」し、近代の詩を目指す「新体詩」の基盤にもなった。その実感・実景の描写が、一人称視点で、五官がキャッチした印象や意識が移ろいゆくまま(のよう)に書く方法に焦点を絞ってゆく動きを考えればよい(前章「自然の日記―独歩、蘆花、藤村」参照)。

こうして一九一〇年代には、「私小説」や随筆形式の「心境小説」、思索の彷徨の軌跡を示す随想的な日記が混在しつつ、文芸の最前線を形成していた。この状況こそが、池田亀鑑や久松潜一がそれぞれに散文芸術の古典ジャンルとして「日記文学」を着想する基盤だった。それ以前の有力な日本文学史のどれもが、それらを女房たちの手になる散文文学という以上に踏み込んだ分類をしていなかったことは容易に確認できる。

『かげろふ物語』『更級日記』の自伝的回想、『和泉式部日記』の一定期間の回想からは、作者のそれなりの生活ぶりもわかる。各断章がうたを焦点に構成される点を無視して、「心境小説」とアナロジーされた。『紫式部日記』の日々の書き付けという性格も考えずに同類とされ、中世紀行文との連続性が語られるようになり、論者により、範囲が拡大したり、縮小したりしてきたのが実際である。

「私小説伝統」の発明

池田亀鑑『宮廷女流日記文学』は、ふたつの方向の余波を呼び起こした。ひとつは国文学界内に「日記文学」への関心を呼び起こし、玉井幸助の大著『日記文学概論』（一九四四）がまとめられた。最近まで指標とされてきたものだが、魯迅「狂人日記」（一九一八）までを見渡す独自の「日記」概念により、古代からの「日記」「日記文学」類を整理し、「随筆」まで組み入れていた。江戸時代まで「日記」も「随筆」も特定のジャンル概念をなしていなかったことは、すでに述べた。

もうひとつは、平安朝「日記文学」を淵源とする「私小説伝統」なるものが発明されたことである。一九三五年、横光利一「純粋小説論」をきっかけに、「私小説」論議が、もう一度、文芸ジャーナリズムに再燃する。小林秀雄「私小説論」では、「私小説」も「心境小説」も作家の経験に立つ点では同じと論じている。そして、舟橋聖一が「私小説とテーマ小説に就いて」（『新潮』一九三五年一〇月号）で、「今日の私小説」は平安女流日記文学の「尾をひいてゐる」と述べた。それが嚆矢らしい。舟橋は、東京帝大文学部国文科で池田亀鑑より三年ほど後輩で、藤村作《つくる》教授の薫陶を受け、新進作家としてデビューしたのちも、日本の古典文学に一家言をもち、折にふれて、意見を吐きつづけていた。戦後、花形作家として活躍するようになってからも、同じである。*

＊「テーマ小説」は、総合雑誌『文藝春秋』を率いて文壇の大御所となった菊池寛がテーマのはっきりした作品をモットーに「主題小説」――主題は“what to say”、「作家のいいたいこと」――を主張していた（「戯曲研究」第五回、『文藝講座』第五号、一九二四、「主題小説論」第一回、『文藝創作講座』第八号、一九二九など）。菊池寛が演劇作家として活躍したこと（戯曲や演出の意図を明確にしないと俳優たちが演技できない）、また江戸時代、漢詩について手ほどきする「詩話」に活躍した菊池五山の末裔という意識も手伝い、魏の文帝の『典論』にいう「文章は経国の大業、不朽の盛事」に発する「文章経国」の伝統思想を承けたものだろう。ヨーロッパ語でテーマは、ふつう題材のことを指し、作品の制作の動機ならモチーフを用いるのが一般的で、近代芸術では、むしろ、いかに描くか、書くかが競われてきた。それゆえ、菊池寛のいう「テーマ小説」は特殊なジャンルとして扱われた。

この「私小説伝統」もまた、このときつくられた新しい考えだった。いわゆる「宮廷女流日記文学」は、南北朝時代の日野名子『竹むきが記』を最後に途切れていた。一四世紀中期から一九世紀後半まで、五〇〇年以上の空白が無視されている。中世紀行文の流れを加えてはじめて、江戸中期までの連続が想定される。だが、江戸時代には、それらとは別のところで小説の系譜意識は歴然としていたし、自叙伝は自叙伝で文体を越えて括れることは、第四章で述べた（二六一頁参照）。

今日でも、二〇世紀への転換期に西欧のイッヒ・ロマンをヒントにしてはじまった「私小説」、意識のはたらきに関心を集める哲学の動きに促された「心境小説」を、平安時代の「日記文学」から連綿として流れてきたかのような考えが散見する。このジャンル概念とスタイル、その変化にも無頓着な「伝統」は、いったい、いつはじまったというべきだろうか。

「記録文学」のこと

二〇世紀前半は、世界戦争と革命の時代だった。第一次世界大戦を帝国主義による植民地再分割戦争と規定したのは、ロシアの革命家、ウラジーミル・イリイチ・レーニンの『帝国主義論』（『資本主義の最高の段階としての帝国主義（平易な概説）』*Империализм, как высшая стадия капитализма* (*популярный очерк*, 1917 刊行)）だった。レーニンは「帝国主義戦争を内乱へ」をスローガンに、労働者と農民を結びつけ、一九一七年、ロシア革命を成功させ、その衝激は国際的にひろがった。レーニンに率いられたボルシェヴィキは、専制政治打倒の闘いとメンシェヴィキとの党派闘争に、一九世紀に新聞報道で盛んになった現場報告、ルポルタージュと、二〇世紀に新しいメディアとして登場した映画のドキュメンタリーを思宣伝の武器として用いた。また、アメリカの急進派ジャーナリスト、ジョン・リードがロシア革命のルポルタージュをまとめた『世界を揺るがした十日間』(*Bolshevik Revolution, Ten Days That Shook the World*, 1919)は、国際的に波紋を呼んだ。

第一次世界大戦後の国際情勢は、帝国主義列強と、労働者の祖国を標榜し、一国社会主義建設に進んだソ連、二〇世紀型国家社会主義で台頭したイタリア・ファシズムとドイツ・ナチズムとが三つ巴の様相を呈する新たなステージを迎えた。とりわけナチスは政権を握るとラジオと映画を大衆動員に活用した。政治の帰趨が大衆の動向に左右される時代の到来に、プロパガンダが重要性を増していた。

日本でもそれは変わらない。非合法組織の日本共産党は、文化戦線に力を入れ、報告文学を盛んにした。共産党と袂を分かったマルクス主義労農派とともに、社会主義は、昭和五年(一九三〇)を前後する時期、ジャーナリズムを席巻するほどの勢いをもった。その勢いは、国際的には、ドイツと並ぶ。だが、コミンテルンに率いられた共産党は、一九三七年に日本の現状を「(半)封建制」と規定、民主主義革命戦略に切り替え、天皇制打倒を正面に掲げ、権力の強い弾圧により幹部から大量の転向者を出して瓦解した。反ファシズム運動をリードした労農派は、日中戦争のさなか、南京虐殺の起こった一九三七年一二月の一五日と翌年二月一日、労働運動指導者と学者、文化人、四五〇名ほどが検挙され、息の根を止められた（人民戦線事件）。そして、「報告文学」は、戦争宣伝の道具に変わっていった。

日本は、ドイツ、イタリアとファシスト・リーグを結び、ソ連とは中立条約を結んで、一九四一年一二月八日、米英を敵にまわす第二次世界大戦に突入し、敗戦。米ソが原水爆を抱えて対峙する冷たい世界戦争の時代に入り、一九五五年に自民党、社会党の二大政党時代を迎える。その間に、序章で述べたように、とりわけ戦争期に記された日記がブームを呼んでいた。並行して、政治宣伝の道具と化した「報告文学」に換えて、「記録芸術」が提唱された。映画など大衆芸術ジャンルをも横につなぐ運動だった。労働運動のなかで、職場の日々の記録を現場の労働者が記す運動も盛んになった。

杉浦明平《みんぺい》が郷里の渥美半島を舞台に、海苔養殖業者の利権争いに地域のボスが絡む漁村の騒動の見聞記を、ユーモアを交えて書いた『ノリソダ騒動記』（一九五三）が新しい「記録文学」の方向を示すものと好評を博し、彼は「記録文学」の理論的指導者にもなっていった。『記録文学の世界』（徳間書店、一九六八）、『記録文学ノート』（オリジン出版センター、一九七九）の二冊の論文集がある（収録論文に重複もある）。その論の範囲は、伝記、自伝などノン・フィクションの全般に及ぶ。その出発点となった「記録主義の精神」（一九五七）には次のように書かれている。

人生のありとあらゆるものごとはたった一回しか起こりえない。それは現象と称せられる。文学は現象をえがくべきではないと文芸学は教えてきた。それらの現象の中にふくまれている本質をとらえて、えがかねばならぬというのである。

記録は、その点では、一見、正反対の役目をになっている。それはたった一回しか起こらず、けっして全く同じままにはくりかえされぬ事件等を現象せるままに書きとめる機能しかもっていない。それはもともとその記録されることがらに普遍性を与えることを目的としていないのである。

しかしわれわれの生涯も、また人間の歴史も、すべてがたった一回しか起こらぬことがらのつみかさねから成り立っているのではなかろうか。それゆえに、現象といえども、それぞれの個人また人間集団にとって、ときには貴重な体験であり、愛惜すべき思い出になりうるにちがいない。

そして、記録は他の人間の参照すべきものにもなるとつづいていく。体験の一回性を突き出しているところに、彼の出発点があり、その根底は揺るがなかったように思われる。権力の側の記録や政治宣伝のための「報告文学」は排除し、アクチュアリティー、すなわち時局の現場の直接性が強調される。「かたりつぎ、書きつぐことによって」（一九七五）は、解放同盟の機関誌『解放教育』に寄せた文章だが、被差別部落の記録に入る前に、「戦争体験の風化」の危機感がかなり長く記されている。やはり、日本の敗戦が、大きな影を落としていたことが知れる。

「記録文学」の「文学性」をめぐる議論になると、先の引用にも覗いているように、本質の把握や典型を描くなどの左翼文芸理論、とりわけソ連の「オーチュルク」（報告文学、記録文学）が社会運動の進むべき方向を示すことを是としたことに対して、論文により、やや揺れが感じられる。杉浦は、日本共産党の地域細胞のリーダーだったが、中央とは距離をとり、一九六〇年の反安保闘争ののち、反安保闘争の総括論議のなかで、六二年に規律違反を理由に除名された。間接的には文芸理論の問題もかかわっていただろう。

なお、杉浦は文芸教育論で活躍していた西郷竹彦との対談「記録文学の世界―民衆の発想と多元的な視点」（一九七〇）で、「アクチュアリティー」の語を批評家、平野謙が用いはじめたとしている。が、それは、マルクス主義批評家、戸坂潤が『日本イデオロギー論』（一九三五）で、マルセル・プルーストなどの文芸における内的リアリティーと区別するため、社会的ないし時局的リアリティーを指して用いはじめたものである。平野謙が流用するうちに、その対立概念がなんだったか、まったく忘れられていった。総じて、杉浦明平の「記録文学論」は、文芸論における認識還元主義を「経験」を突き出すことによって突破しようとしたといえるかもしれない。だが、「経験」とはなんであり、また、それを記録するには、どのような表現方法があるか、の問題は、二の次になっていたといわざるをえない。

杉浦だけでなく、戦前、戦中にかけて、反体制側にしろ、体制側にしろ、文学が政治に利用された苦い経験の反省から、戦後には、個人の体験を重視する傾向が強かったといえよう。そして「記録文学」は、多くの人が戦争体験を中心に、「自分史」を書くことへ収斂していった。体験の重視は、文学一般を扱う理論にも影を落とした。たとえば、日本の文化全般にわたって広い視野からさまざまな鋭い提起を行った加藤周一は『文学とは何か』(一九七一)のなかで、梶井基次郎「檸檬」(一九二五)をとりあげ、その芸術的経験をもって、文学の本質と論じている。よく知られるように、街角の八百屋で見かけた一個のレモン、ありふれたレモンに至上の価値を感じてしまった青年の価値倒錯を逆手にとり、世の価値秩序を爆砕する夢想を書いた作品である。社会的な価値とは、まったく異なる内的経験こそ、芸術や文学の本質をなすという考えである。

たしかに梶井基次郎は京都の第三高等学校生徒のとき、倦怠や憂鬱に悩む心が一個のレモンに出会い、心が晴れる経験をした。だが、その経験は書かれなければ、彼の記憶に留まるだけである。また、彼には、その価値倒錯を馬鹿げた経験の打ち明け話のひとつにした草稿もある

（最初の『梶井基次郎全集』の刊行に先立ち、淀野隆三によって「瀬山の話」と名づけられ発表されたもの）。作品「檸檬」では、ほんの一ヵ所だけ、「馬鹿げた思いあがり」という語で、その考えを覗かせるにとどめ、価値倒錯の内面にリアリティーを与えることに腐心している。視覚、触覚、嗅覚など五感の経験を書いた断片を組み合わせ、読者にリアルに感じさせるように構成している。ピカソの立体主義やカンディンスキーの構成主義などへの関心を文章に応用したものである。

同じ経験を材料にしても、それをどのように表現するか、それによって作品のトーンも社会的に対する意味も変わる。芸術は、認識にも、経験にも還元できない。表現にこそ本質がある。そして、その表現には、ジャンルごとの規範（コード）が変化したり、新たなジャンルが分岐したり、新しい方法が開拓されたりと歴史性が刻まれている。むろん、その変化は享受する側との関係において進展する。表現と享受の歴史性、それこそが「日記」をも含めた文の芸《わざ》、すなわち文芸史の中心課題になる。

夭逝者の日記

一九五五年ころにはじまる高度経済成長は、戦前期大衆文化の復活、再生産を促した。そのなかで、日記は、杉浦明平が論じていたように、一回限りの現象の記録への関心を強くしてゆく一方だった。とくに若くして自殺した人や病に冒されて逝った人の日記に関心が集まる傾向が見える。文芸では、梶井基次郎、中原中也、宮沢賢治ら三〇代で病に倒れ、戦争を知らないままに逝った詩人や作家が注目されたのも、それとは決して無縁ではないだろう。

原口統三は、朝鮮京城府に生まれた。大連一中を卒業後、「満洲国」内を転々としたのち、第一高等学校に入学、校内誌などに詩を発表、一九四六年一〇月二五日に入水自殺した。一九四八年に、友人宛ての遺書『二十歳のエチュード』(前田出版社)が刊行されるや、詩壇から反響がひろがり、夭逝したマイナー・ポエットの文学的手記として編を新たにしながら、長く読み継がれてきた。

軟骨肉腫に冒され二一年の生涯を閉じた大島みち子と大学生、河野實とが互いにミコ、マコと呼び交わす、三年間に及ぶ文通が『愛と死をみつめて』と題して昭和三八年(一九六三)に大和書房より刊行されるとたちまち、一六〇万部を売り上げ、翌一九六四年の年間ベストセラーの総合一位を記録した。関連本も出、ラジオ・ドラマにもなり、映画化もされた。これは往復書簡でありながら、なぜか「交換日記」と呼ばれ、高校生男女がノートや手紙を交わすことが流行した。

一九六〇年代半ばには新左翼運動の活動家の遺稿に関心が集まった。奥浩平は、横浜市立大学文理学部学生で、原潜寄港阻止闘争、日韓会談反対闘争に参加、一九六五年二月、椎名悦三郎外相訪韓阻止闘争では警棒で鼻骨を砕かれ負傷、退院後、同年三月六日、自宅で服毒自殺した。二一歳だった。思想的模索や恋愛にも悩みを抱えていた。彼の恋人との別れには、新左翼内部の党派対立が絡んでいた。

社会党、共産党など既成左翼を体制内化していると弾劾する新左翼運動に共鳴する作家、井上光晴と劇作家、福田善行がそのノートや恋人宛ての手紙を紹介すると関心が高まり、『青春の墓標─ある学生活動家の愛と死』（文藝春秋新社、一九六五）として刊行された。

そして、学生運動が大学の在り方をめぐって再び燃え上がった一九六〇年代末、立命館大学の女子学生、高野悦子が二〇歳で自殺した。高野悦子は『青春の墓標』を愛読していたが、活動家ではなく、思想も非政治的な温厚な家庭に育った一般学生である。二〇歳を迎えた自分が社会人として未熟なままであることを嘆くところから日記ははじまる。その自覚は、党派間の敵対関係や空疎な政治用語に戸惑う自分を未熟だと感じることに横滑りしていった。彼女は書いている。

四・二八を迎えるにあたって
現在の日本に生活する人間の生活を基本的に決定している佐藤自民党政府、そのうらに存在する独占資本家に対しての反逆を、ここに行うことを宣言する。
私は何よりも自由と平等を愛する人間である。自由平等であるべき人間を支配し、搾取し、収奪し、圧しつぶしている日本帝国主義国家に対し、ここに圧しつぶされぬ人間のいることを行動でもって提示し、人民の力強い闘志を示す。国家がいかに強大な権力をもっていても私は屈することはないだろう。

私には真理が、正義が、愛がある。私は世界の人民とともに日本帝国主義国家に闘いをいどむ。

（一九六九・四・二四　九・〇〇AM）

「四・二八」は、沖縄が一九七二年に日本に返還され、日米関係が再編されることが政府間で決定したことに対する抗議行動を新左翼各派が国際反戦デーに大規模に行うことを予定した日だった。革命を叫ぶ党派もあり、かなりの騒乱が予想された。

彼女にとっては、過激な反戦デモに参加することが、まるで暴力革命に進む革命家になるかのような飛躍的な決意、少なくとも体制―反体制の選択の帰路に立たされていると感じられたのである。それ自体が短絡であり、過激な自己改革を自ら課すこと自体が未熟さのシルシだが、彼女に、それを振り返らせてくれる人も時も訪れなかった。「階級闘争」と学問とを両立させることの難しさに悩み、「サビシイデス」の一言を遺して日記は途絶えている。

この未熟さは、単に若さゆえではない。当時の青年たち、とくに大学生に蔓延していたラディカリズムに翻弄された結果である。彼女の死の傷ましさは、そこにある。

一九六八年、アメリカはヴェトナム戦争で敗走をはじめ、ソ連は自由化運動の高まるプラハをタンクで踏みにじり、反戦運動とクレムリン官僚への反発が強まり、米ソ二大陣営によってつくられてきた第二次世界大戦後の秩序がひび割れを見せた時期、大戦後に生まれたベビー・ブーマーによる種々さまざまな反体制運動が国際的に高潮、世界に痙攣が走っていた。それは、そののち一九九〇年を前後して、国際秩序が大きく崩壊する予兆だった。いまから振り返れば、確実にそういえる。

それがまだ一般には社会に痙攣が走っているかのように感じられていた時期、高野悦子の学生生活をつづった日記『二十歳《にじゅっさい》の原点』が一九七一年に新潮社から刊行されると、たちまちベストセラーになり、映画化もされた。彼女の高校から大学二年までの日記『二十歳の原点序章』（一九七四）、中学・高校時代の『二十歳の原点ノート』（一九七六）までもが刊行された。

これは夭逝した歌人、岸上大作の遺した日記にも跳ね返った。その記事には、社会主義思想と一九六〇年の反安保闘争が絡んでいた。岸上大作は兵庫県立福崎高等学校で短歌に目覚め、国学院大学文学部在学中に反安保闘争に身を投じて負傷。『意思表示―岸上大作作品集』（白玉書房）の原稿をまとめたのち、一二月、失恋により自殺した。『岸上大作全集』（思潮社、一九七〇）刊行後、彼が死の寸前までつづっていた日記「ぼくのためのノート」が『もうひとつの意志表示―岸上大作日記大学時代その死まで』（一九七三）、早くも社会主義への目覚めが覗く『青春以前の記―岸上大作日記高校生活から』（一九七四）がともに大和書房から刊行された。

だが、日本では、「連合赤軍」事件や新左翼の激しい党派対立が絡んで、大衆ラディカリズムの波は急速に引いていった。若い世代のあいだには「白けた」空気が広がった。時代思潮が強く絡んで自殺した人の日記を読むことには、単に青春の悲哀を覗きこむのとはちがう意味がある。だが、それが読みとれないような死もある。

誰が悪いのでもありません。私は自分の生き方に絶望したのです。自分で道を切りひらいて、自分で道を選択する能力がないから、この歳になって、それができないなんて、もう致命的よ。優柔不断にピリオドを打つために、最後に下した結論がこれでした。

一九八四年九月二七日の夕刻、中学生のときから英語が得意で、フルートの演奏も好きな鍋島圭子という国際基督教大学の学生が、二二歳で仙台のホテルの八階から投身自殺する直前のメモである。彼女の日記は母親の手でまとめられ、『心の頂にさらされて』と題され、一九八六年に勁草出版サービスから刊行された。山頂の空気の薄さを心の頂にたとえた題である。二二歳で「自分の生き方に絶望した」と書けること、それは、自らの精神を養い育てる姿勢の放棄を意味するが、おそらく彼女は自分が何を放棄しているかに気づかなかったにちがいない。「自己変革」ということばさえ、すっかり消えていた。

彼女がホテルの八階から飛んだのは、本書の冒頭でふれた武田百合子『富士日記』が刊行されてのち、一九七八年にアメリカの社会学者から「ジャパン・アズ・ナンバーワン」の掛け声がかかり、大平首相が一九八〇年の年頭、「お手本なき時代」を宣言し、いわゆる「バブル経済」に入るほんの少し前のこと。百合子さんは、愛犬ボコの死を看とった悲しみを山巓の風にのせて蒼穹の彼方に吸い込ませたが、この女子学生の日記は、愛しいものを失った悲しみのやり場の近くでしか生きられないような若い人が、そのころすでに増えていたことを告げていたのかもしれない。

情報化と日記

二〇一六年の今日、家族を写した古いビデオ映像を編集して、楽しむ人びとが増えているらしい。たしかに「～年前の自分」や家族に出会うのなら、日記よりも、楽しげにふるまう姿を映した映像の方がふさわしいかもしれない。

一九七〇年代から進行した情報社会化は、“World Wide Web”上のサイトに開いたウェブページに覚え書きなどを添えて掲載するウェブ・ログ（記録）、すなわちブログに個人のメッセージを掲載し、発信することを促している。瞬時のつぶやきのようなもの、また匿名のものも多く、内容も千差万別だが、そこでは「知・情・意」のどれもが等しく「情報化」され、「親しみやすさ」がむしろ規範化しているように想える。そして、これまでなら、消えてゆく噂話の類が、そこでは、文字や映像に固定され、一度、公開されれば、いつまでも誰かが参照しうるものとして残りつづける。

第二次世界大戦後に確立した情報工学は、ノイズをかいくぐって、伝えるべきメッセージを味方に伝えるためには、暗号コードを確立することが肝要と教えていた。国家や企業には情報の管理が厳しく問われているが、各自には情報から、ノイズを見分け、とりのけるための装置、バイアスを修正する能力が一層鋭く問われる時代に入っているようだ。

そこでは、これまでは、いわば伏せられていた「日記」の書き方、たとえば、英語圏で〝I〟を省く方式が「公然化」する傾向も見られる。絵文字の頻繁な使用など、年齢を問わず、個々人の「日記」の書き方に跳ね返ることもあるだろう。どうやら、日記の危険な魅力、「日記の親しみやすさ」と、どのようにつきあうか、という問いから、われわれは、いつまでも離れられそうにない。

あとがき

「日記」は、生活文化と精神文化の境界にある。時代時代の日本人の生活と思想を知るには、とてもよい手がかりになる。その歴史地図の概略をまとめながら、それを改めて痛感した。「日記」には、その時代時代に、書き手の属する層に共有されている書き方の約束（コード）と、スタイルがある。それを決めるのは、「日記」を、どのようなものと考えているか、そのコンセプト、概念である。もちろん、その時代の約束に従う人もいれば、破ろうとする人もいる。それを知らないと、「日記」の読み方も、魅力もわからない。

とくに江戸時代からは、ひとりひとりの日記に対する態度がちがう。大久保彦左衛門のように、子孫に家訓のように読ませるために書いた人もいれば、大田南畝のように、外に漏れると咎を受けるかもしれないと警戒した人もいる。明治期の樋口一葉は、自分の日記を焼き捨てよと言い残した。それは彼女が自家の内情を外部に漏らすような真似など、するものではない、という道徳観の持ち主だったからだ。それが通念だった。国木田独歩は、自分の魂の軌跡を残すものと考え、日記を書きはじめた。『吾輩は猫である』（一九〇五～〇六年に執筆）に「主人のように裏表のある人間は日記でも書いて世間に出されない自分の面目を暗室内に発揮する必要があるかもしれないが」と書いた夏目漱石は、そのとおり世間には晒せない彼自身の憤懣を日記にぶつけていた。そのようなちがいをわきまえてこそ、他人の日記を覗き見る資格がもてるのだと思う。

とくに文芸批評の実証主義は、誤りに陥りやすいことをいっておかなくてはならない。国家の外交上の秘密を暴くことと、ギュスターヴ・フローベールが医者の息子だったゆえに、姦通事件を起こした女性の心理解剖に向かったと説くこととはまるでちがう。医者の息子が心理学に関心をもつとは限らないし、他人の心を覗こうとするのは医者の息子に限らないからだ。この簡単なことだけいえば、本書の序章に戻ることになる。

『吾輩は猫である』をそっちのけにして、漱石の日記を読むなら倒錯である。だが、そのころの漱石の日記を、当代の東京帝大講師の生活ぶりを知るための資料、ないしは本郷・千駄木界隈の風俗史の一資料として読む場合は、話は別だ。実際、そのような仕事に、森まゆみ『千駄木の漱石』（筑摩書房、二〇一二）がある。そして、どうやら、そのころから日本の知識人の日記の書き方が変わってゆくらしい。そう考えると日記文化史の資料にもなる。それぞれの日記の性格と読み手の目的によって、日記の意味が変わる。折り紙の帆掛け舟に似ているかもしれない。やはり、日記は惑わしに満ちている。

『ホトトギス』の募集日記の研究だけで三年以上かかった。それから一〇年以上、前近代の「日記」概念と他の散文ジャンル、それらのスタイルの変遷の解明に手探りをつづけてきた。本書は、その一応のまとめにあたる。まとめてみて、はじめて、ずいぶん惑わされてきたものだと思う。

小著であろうと、拙著にちがいなくとも、一度で読み捨てられるようなものを書いたつもりはない。二度目には、一度目には気がつかなかった観点が浮かびあがるだろう。三度目には、それ以上のものが得られると思う。

本書で平凡社新書は五冊目、和田康成さんに担当してもらって四冊目である。多種多様な引用など、丁寧に校正して下さった方々とあわせて、篤く御礼を申し上げる。

二〇一六年六月晦日

著者識

参考文献（重複は記さない）

序章

『人生読本 日記』河出書房新社、一九七九
大原富枝編『日本の名随筆 日記』作品社、一九九三
鈴木登美「ジャンル・ジェンダー・文学史記述」、ハルオ・シラネ、鈴木登美編『創造された古典――カノン形成・国民国家・日本文学』新曜社、一九九九

第一章

鈴木貞美『「日記」と「随筆」――ジャンル概念の日本史』臨川書店、二〇一六
玉井幸助『日記文学概論』国書刊行会、復刻版、一九八三
倉本一宏「『日本書紀』壬申記の再構築」、あたらしい古代史の会編『王権と信仰の古代史』吉川弘文館、二〇〇五
倉本一宏『壬申の乱――戦争の日本史2』吉川弘文館、二〇〇七
三橋正「古記録文化の形成と展開――平安貴族の日記に見る具注暦記・別記の書き分けと統合」、『日本研究50』二〇一四年
三橋正「『小右記』と『左経記』の記載方法と保存形態」、倉本一宏編『日記・古記録の世界』思文閣出版、

二〇一五
倉本一宏「解説」、藤原道長『御堂関白記 全現代語訳 上』講談社学術文庫、二〇〇九
倉本一宏『藤原道長「御堂関白記」を読む』講談社選書メチエ、二〇一三
五味文彦『院政期社会の研究』山川出版社、一九八四
松薗斉「日記に見える夢の記事の構造」、荒木浩編『夢見る日本文化のパラダイム』法蔵館、二〇一五
辻彦三郎『藤原定家明月記の研究』吉川弘文館、一九七七
鈴木貞美『鴨長明——自由のこころ』ちくま新書、二〇一六
『歴博』第一三一号【特集】日記と歴史学「中世の日記」、二〇〇五
『甲斐叢書1、3』第一書房、一九七四

第二章

築島裕『平安時代語新論』東京大学出版会、一九六九、第二編第二章第四節「日記随筆」
上野勝之「平安時代における僧侶の〝夢記〟」、荒木浩編『夢見る日本文化のパラダイム』前掲
近藤みゆき「解説」、『和泉式部日記——現代語訳付き』角川ソフィア文庫、二〇〇三

第三章

鈴木貞美『「日記」と「随筆」——ジャンル概念の日本史』前掲

第四章
近藤好和「『日記』という文献」、倉本一宏編『日記・古記録の世界』前掲
第五章
浅岡邦雄『〈著者〉の出版史——権利と報酬をめぐる近代』森話社、二〇〇九
家永三郎「植木枝盛の人と思想」、『明治文學全集12』筑摩書房、一九七三
鈴木貞美『生命観の探究——重層する危機のなかで』作品社、二〇〇七
鈴木貞美「日々の暮らしを庶民が書くこと——『ホト、ギス』募集日記をめぐって」、バーバラ・佐藤編『日常生活の誕生——戦間期日本の文化変容』柏書房、二〇〇七
第六章
鈴木貞美『宮沢賢治——氾濫する生命』左右社、二〇一五
鈴木貞美『梶井基次郎の世界』作品社、二〇〇一
鈴木貞美『近代の超克——その戦前・戦中・戦後』作品社、二〇一五

【著者】
鈴木貞美（すずき さだみ）
1947年山口県生まれ。東京大学文学部仏文科卒業。国際日本文化研究センターおよび総合研究大学院大学名誉教授。おもな著書に『「生命」で読む日本近代――大正生命主義の誕生と展開』（NHK ブックス）、『「日本文学」の成立』『近代の超克――その戦前・戦中・戦後』（ともに作品社）、『日本の文化ナショナリズム』『戦後思想は日本を読みそこねてきた――近現代思想史再考』『日本語の「常識」を問う』『入門 日本近現代文芸史』（以上、平凡社新書）、『日本人の生命観――神、恋、倫理』（中公新書）、『自由の壁』（集英社新書）などがある。

平凡社新書825

日記で読む日本文化史

発行日――2016年9月15日　初版第1刷

著者――鈴木貞美

発行者――西田裕一

発行所――株式会社平凡社
東京都千代田区神田神保町3-29　〒101-0051
電話　東京（03）3230-6580［編集］
東京（03）3230-6573［営業］
振替　00180-0-29639

印刷・製本―株式会社東京印書館

装幀――菊地信義

ISBN978-4-582-85825-9
NDC 分類番号210.12　新書判（17.2cm）　総ページ288
平凡社ホームページ　http://www.heibonsha.co.jp/